しみじみ美味しい
ふたりごはん

kafemaru

はじめに

普段はYouTubeで手軽につくれるレシピを紹介しています。50歳を過ぎて始めたYouTubeは、コメントでの交流も楽しく、気づけば10年ほど動画を投稿しています。当時はYouTubeが珍しく、素人でも発信できるその魅力に夢中になったことを覚えています。最初はお菓子づくりから始め、役に立てたらいいなという気持ちで料理やお弁当の動画もアップするようになりました。

そうして年齢を重ねる中で、「体が動くうちにやりたいことをやろう」と思い立ち、夫婦ふたりで知らない土地への移住を決めました。移住後の一番大きな変化といえば、食事や暮らしへの向き合い方が変わったこと。体に優しい野菜を多く使った料理が増え、よく動くようになったことで、お肉も積極的に取り入れるようになりました。外食がほとんどなくなり、穏やかな家ごはんが日常になりました。

今は「気負わず、でも手抜きしすぎず、ちゃんと美味しい」日々のおかずができたらいいなと思って、毎日台所に立っています。食事が人を笑顔にし、その笑顔が幸せな毎日につながるんだなぁと。

そんな暮らしから生まれたレシピが誰かの役に立つなら、こんなに素敵なことはありません。この本では、私が普段つくっているおかずの中から、おうちごはんにぜひつくってもらいたいものを選びました。忙しい平日のための簡単メニューや、体に優しい野菜たっぷりのおかず、さらには日常を彩るちょっと特別なレシピもあります。

「今日、何つくろう？」と迷ったとき、この本を思い出していただけたらうれしいです。あなたの料理の時間が、楽しく温かなものになりますように！

こんな暮らしから
生まれたレシピです

子どもたちが独立して夫婦ふたり暮らしになり、
数年前に思いきって地方に移住。
古民家を自分たちでリフォームしながら、
お互いマイペースに日々を過ごしています。

庭いっぱいの植物たち。柿の木は秋に豊かな実をつけます。

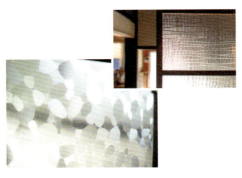

やわらかな光が差し込むレトロなガラス窓。

無理せず、急がず

仕事や子育ては一段落しているので、「短時間で
料理をしなければ」というプレッシャーはありません。
2人のその日のスケジュールや家仕事、
お腹のすき具合に合わせて、「そろそろかな」と
キッチンに立ちます。

どこにでもある食材で

日々のごはんは、とりたてて変わったものはつくりません。
車で片道40分のところにあるスーパーでどこにでもある
食材を買い、わが家だけの定番を繰り返しつくる毎日です。
でも、夫が好きなコールスローや私が好きなもやしのナムル
など、2人の好物は出番が多いですね。

気づけば
野菜たっぷりの食卓に

年を重ねるにつれて、肉や魚は量を
食べられなくなりました。
そのぶん、野菜は多め。そのほうが
断然落ち着くし、体にも負担がかかりません。
メインのおかずもたんぱく質と野菜が半々くらい、
副菜や汁物も野菜中心です。

小さな畑でささやかな野菜づくり

庭の一角を耕して小さな畑にしています。
キュウリやナス、ミニトマト、ジャガイモ、サツマイモなど
季節に合わせて、2人で食べきれるくらいの野菜を育てています。
自分たちで育てた分、愛おしさは格別で
大切に食べたいという気持ちに。

寒さが厳しい冬はストーブが活躍。
写真上はストーブ用の薪に着火させ
るための木材。たっぷり用意してもす
ぐになくなります。

A real menu for two people living together

ふたり暮らしのリアル献立

ほぼ毎日3食とも、ふたりで食卓を囲みます。
朝は食べやすいワンプレート、昼は丼や麺類などの一品メニュー、
夜はお酒を飲みながらつまめるもの、というのがいつものパターン。
子どもたちが独立してふたり暮らしになってから、
たわいない会話をしながら、食事の時間を楽しんでいます。

Breakfast

\甘じょっぱさが絶妙！/
カリカリしらすと甘い卵焼きのおにぎり

（材料とつくり方(2人分)）

❶ **卵(L)1個**を溶きほぐし、**砂糖大さじ1**と**塩少し**を加えて混ぜる。フライパンに**サラダ油少し**を強火で熱して**卵液**を流し入れ、箸で数回大きく混ぜ、ふわっとしたら取り出す。

❷ フライパンをきれいにして**ゴマ油小さじ1/4**を弱めの中火で熱し、**しらす40g**をカリカリになるまで炒め、最後に**しょうゆ小さじ1**を加えて混ぜる。

❸ 温かい**ご飯茶碗2杯分**に①と②を加えて混ぜ、三角形ににぎり、**のり**を巻く。

朝ごはんはワンプレートが定番

わが家の朝は、飼っている2羽のにわとり（レモンちゃんときなこちゃん）の元気な鳴き声から始まります。朝はなるべく手をかけずに済ませたいので、基本はワンプレート。おにぎりに（具はその日の気分で）、シンプルな野菜のおかずや常備菜、くだものを盛り合わせます。

炊いたご飯はおひつに移して保存しています。

甘い卵焼きとしょっぱいしらすの組み合わせが2人とも大好き。

\マヨネーズの風味がアクセント/
焼きピーマン

（材料とつくり方(2人分)）

ピーマン2個は縦半分、または4分割にし、上に**マヨネーズ少し**を絞る。オーブントースター（1000W／230℃）で少し焦げ目がつくまで焼く。

少しやわらかめに焼くと、ピーマンの甘味が出て美味。

\体が目覚めるシャキシャキ食感/
ニンジンとツナのサラダ

（材料とつくり方(2人分)）

ニンジン1本(150g)は千切りにして**塩小さじ1/2**をふり、30分ほどおいて出てきた水気を絞る。**ツナ缶(ノンオイル)50g**、**マヨネーズ大さじ1と1/2**を加えてあえる。

— Lunch —

昼ごはんは主食と汁物で簡単に

午前中、仕事や家のことをしているとあっという間にお昼に。短い時間で準備をするので、一品ものと汁物の組み合わせになりがちです。その分食べごたえにはこだわり、野菜とたんぱく質がしっかりとれるよう、意識しています。食後は、季節のくだものでほっとひと息。

あるものですぐにつくれる ボリュームメニュー
白菜と豚肉の卵とじ丼

（材料とつくり方（2人分））

❶ 鍋に湯を沸かし、**酒大さじ1**を加えて**豚薄切り肉120g**をさっと湯どおしし、ザルに上げる。

❷ **白菜250g**は葉と芯に分け、葉は5cm長さに切り、芯は縦に1cm幅に切る。別の鍋に**水大さじ2と塩小さじ1/2**、白菜の芯を入れて中火にかけ、くったりしたら葉も加えて煮る。

❸ ①の豚肉とめんつゆ（3倍濃縮）大さじ2を加えてさっと煮たら、真ん中に**卵（L）1個**を割り入れ、箸で卵をくずしながらひと混ぜする。火を止めてフタをして蒸らす。器に盛った**温かいご飯**にのせる。

＼油揚げから出るうま味でだしいらず！／
ホウレンソウと油揚げのみそ汁

（材料とつくり方（2人分））

❶ **ホウレンソウ1/2束（100g）**はさっとゆでて水にとり、水気を絞って食べやすい長さに切る。**油揚げ1枚**はひと口大に切る。

❷ 鍋に**2カップの湯**を沸かし、①の油揚げを加えてさっと煮る。ホウレンソウを加え、煮立ったら火を止める。**みそ大さじ1と1/2～2**を溶き入れる。

みそ汁の油揚げは油抜きせず、コクを生かします。

手づくりのすっぱい梅干しを箸休めに。

―― Dinner ――

\キムチとラー油で味が決まる/
豆腐のチゲ鍋

（材料とつくり方（2人分））

① **豚薄切り肉100g、長ネギ1/2本、豆腐200g、白菜キムチ80g**は、それぞれ食べやすい大きさに切る。

② 鍋に**水2と1/2カップ、みそ大さじ1、顆粒鶏ガラスープの素小さじ1、酒大さじ1**と、①の具材を入れて中火にかけ、煮立ったら弱火で10分ほど煮る。最後に**ラー油**を少したらす。

夜ごはんは お酒と一緒につまめるものを

1日の終わりはリラックスして食事を楽しみたいので、気負わずつくれる、手軽なメニューばかり。ふたりともお酒が好きなので、主菜というより、副菜やおつまみが中心。軽く飲みながら少しずつ食べて、足りなければ冷蔵庫から常備菜を出したりと、かなりゆるい感じです。

\香りのよさにお酒がすすむ/
水菜と油揚げのゴマサラダ

（材料とつくり方（2人分））

① **水菜1/2束（100g）**は5cmの長さに切る。**油揚げ1/2枚**はオーブントースターでカリカリに焼き、1cm幅に切る。

② ボウルに水菜と油揚げを入れ、**ゴマ油小さじ1と塩小さじ1/2**で味をととのえ、**いりゴマ（白）小さじ1**を指でつぶしてかける。

\豆腐入りの生地であっさりと/
しらすの米粉ピザ

（材料とつくり方（直径16cm1枚分））

① **絹ごし豆腐100g**は軽く水きりしてザルでこす。ボウルに入れ、**きび砂糖5g、塩1g、米粉60g、片栗粉10g、ベーキングパウダー4g**を加えてよく混ぜる。

② ①の生地をクッキングシートの上で直径16cmの円形に成形し、**オリーブオイル小さじ1/2**を中火で熱したフライパンに、シートごとひっくり返して入れる。

③ 片面が焼けたら、上下を返して反対側も焼く。最後に**湯大さじ1**を加えてフタをし、蒸し焼きにする。

④ ③に**しょうゆ**少し、**マヨネーズ大さじ1/2**を塗る。**しらす40gとピザ用チーズ30g、万能ネギ（小口切り）大さじ1**を散らし、オーブントースターでチーズが溶けるまで焼く。

MEMO
生地がゆるい場合は、米粉の分量を調整する。米粉は波里の「サクッ！と仕上がるお米の粉」を使っています。種類によって吸水率が異なるため、まずは同じものでつくってみてください。

もくじ

- 002 はじめに
- 004 こんな暮らしから生まれたレシピです
- 006 ふたり暮らしのリアル献立

Part 1
わが家の定番リピートおかず

- 016 鶏胸肉の刻みステーキ
- 018 キノコバターじょうゆの和風ハンバーグ
- 020 塩もみ白菜ギョーザ
- 022 ひらひら大根とゴボウの香り鍋
- 023 大根と豚バラの煮物
- 024 野菜たっぷりすいとん
- 025 カボチャとブロッコリーの豆腐グラタン
- 026 ナスの香味野菜ダレ
- 027 うちで人気のコールスロー

028 Column 1 うちの手づくり調味料

Part 2
お手頃肉＆魚介の満足おかず

ボリューム満点肉おかず 鶏肉
- 030 梅風味の照り焼きチキン
- 032 鶏のパリパリ焼き レモンタルタル
- 033 しっとりよだれ鶏
- 034 鶏胸肉とタマネギの南蛮漬け
- 035 やみつき鶏スペアリブ

ボリューム満点肉おかず 豚肉
- 036 薄切り肉のチャーシュー
- 038 カリカリ豚とナスの煮浸し風
- 039 豚肉の甘辛焼き

ボリューム満点肉おかず ひき肉
- 040 青ジソたっぷり鶏の塩つくね
- 041 照り照り鶏の白ゴマハンバーグ
- 042 みそダレ肉じゃが
- 043 ひき肉と春雨の炒め物

ボリューム満点肉おかず 牛肉
- 044 牛肉のユズポン漬け
- 045 牛肉とゴボウの炒め物

ボリューム満点魚介おかず
- 046 鮭のマヨポン炒め
- 047 サーモンの和風カルパッチョ
- 048 エビの豆乳粒マスタード
- 048 マグロのパン粉焼き
- 049 シシャモの青ジソバターじょうゆ

たっぷり野菜と一緒に
- 050 鶏肉とカラフル野菜のチョップドサラダ
- 052 オクラとササミのから揚げ風
- 053 アボカド肉巻き
- 054 ひき肉たっぷり簡単マーボーナス
- 055 長イモと豚肉の酢豚風

056 Column 2 ゆったり時間が流れる暮らし

Part 3
毎日食べたい野菜おかず

大型野菜を使いきり
- 058 塩もみキャベツの焼き春巻き
- 060 キャベツたっぷりの豚汁
- 060 ざく切りキャベツのオリーブオイル蒸し
- 061 シャキシャキ大根サラダ
- 062 大根と鶏肉のしょうがスープ
- 063 ごろっと肉だんごの白菜塩鍋
- 064 白菜の芯と豚バラのにんにく塩炒め
- 065 白菜のペペロンチーノ

フライパンひとつで簡単副菜
- 066 コロコロ長イモのバターじょうゆ
- 067 カブとしめじのおかか炒め
- 068 レンコンのカレー炒め
- 069 小松菜と油揚げのさっと煮
- 070 ピーマンとパプリカのマヨポン蒸し
- 070 ピーマンとさつま揚げのヒジキ炒め
- 071 オクラの米粉焼き
- 072 えのきのカルボナーラ
- 073 甘い卵としょっぱい豆苗あえ

火を使わないパパッとおかず
- 074 うちのおいもサラダ2種
- 076 ひらひらキュウリとしょうがのサラダ
- 077 ブロッコリーの白あえ

あると便利な常備菜
- 078 シャキシャキ小松菜ナムル
- 078 モヤシののりナムル
- 079 モヤシのピリ辛ちりちりナムル
- 080 長イモとキュウリの漬け物
- 080 ぽりぽり大根のしょうゆ漬け
- 081 キュウリの辛子漬け
- 082 きのこのきんぴら
- 083 ゴボウの変わりきんぴら

ちょっとぜいたく＆おもてなしレシピ
- 084 濃厚でクリーミーなキッシュ
- 086 野菜スティック
- 087 合いびき肉のレタス包み
- 088 ジャガイモのガレット

Part 4
いつもあるもので お助けおかず

大豆製品を味方につけて
- 090 豆腐しゅうまい
- 092 豆腐とカニかま、白菜のサラダ
- 092 豆腐のニラ肉みそ
- 093 あんかけ焼き豆腐のおろしのせ
- 094 小松菜えのき納豆
- 095 納豆スパサラ
- 096 ころころ野菜の茶巾煮
- 097 油揚げのしらすチーズ

常備してある乾物で
- 098 揚げ高野豆腐のヒジキ煮
- 099 切り干し大根とキュウリのさっぱり漬け

ちくわ＆はんぺんで大満足

- 100 ちくわのころころカレーチーズ
- 100 ちくわ焼きとり
- 101 黄金のマヨチーちくわ
- 102 はんぺんソースカツ
- 102 ちくわのちぎり青ジソ天
- 103 はんぺんネギみそチーズ焼き

104 Column 3
うちで人気の卵レシピ

Part 5
リクエストが多い ご飯・麺

- 106 絶品キーマカレー
- 107 卵のパラパラチャーハン
- 108 手でくるりんぱのキンパ
- 110 クリームチーズと塩昆布のおにぎり
- 110 スタミナ丼
- 111 しょうゆにんにくそぼろ飯
- 112 ごろごろお肉のミートソース
- 114 おそば屋さんみたいなカレーうどん
- 115 おだしで食べるあったかにゅうめん

スープと汁物

- 116 キャベツとベーコンのコーンチャウダー
- 117 野菜たっぷりミネストローネ
- 118 塩もみキャベツと落とし卵のみそ汁
- 119 カブの豆乳スープ

120 Column 4
楽しい果実酒づくり

Part 6
米粉のおやつと 冷たいデザート

- 122 米粉チョコクッキー
- 123 米粉パウンドケーキ
- 124 米粉の抹茶もっちりケーキ
- 125 豆乳プリン
- 126 フルーツたっぷり牛乳寒天

この本の使い方

- 計量単位は1カップ＝200㎖、大さじ1＝15㎖、小さじ1＝5㎖です。
- 電子レンジの加熱時間は600Wを基準にしています。500Wの場合は1.2倍、700Wの場合は0.8倍を目安に加減してください。機種によって多少差があります。火どおりに不安がある場合は、様子を見ながら少しずつ加熱してください。

―― Part 1 ――

わが家の定番リピートおかず

家族に「美味しいね」と言われて繰り返しつくるうち、
いつしかわが家の味になったメニュー。
共通しているのは、野菜がたっぷり入っていること。
どれもあっさりしていて食べ飽きないから、
この先も何度も食卓にのぼることでしょう。

鶏胸肉の刻みステーキ

材料 2人分

- 鶏胸肉 —— 300g
- A ┌ 酒 —— 大さじ1
  └ 塩 —— 小さじ1/4
- B ┌ 片栗粉 —— 大さじ2
  │ みそ —— 大さじ1/2
  └ 顆粒鶏ガラスープの素 —— 小さじ1
- 米油 —— 小さじ1/2
- 青ジソ、ピザ用チーズ —— 各適宜

つくり方

❶ 鶏肉は細かく切る（写真a）。Aをよくもみ込んで5分ほどおき、さらにBをよくもみ込む。

❷ フライパンに米油を中火で熱し、一度火を止める。❶を4等分し、フライパンの上で丸く成形する（写真b）。フタをして中火にかけ、両面をこんがり焼いて火をとおす。焼き上がってから、好みで青ジソとピザ用チーズをのせ（写真c）、チーズが溶けるまで少し火にかける。

POINT

a 鶏肉は刻むことで火のとおりがよくなり、肉のジューシー感も残る。

b スプーンなどでざっくり丸く形を整えて焼く。

c 青ジソとチーズをのせると風味がアップする。

火どおりがよくて食べやすいから、わが家では「ステーキ」といえばこれ！

Part 1　わが家の定番リピートおかず　017

キノコとバターの香りが
いいので、大きくてもペロッと
完食してしまいます

キノコバターじょうゆの 和風ハンバーグ

材料 2人分

肉ダネ
- 合いびき肉 —— 200g
- 豆腐(木綿) —— 100g
- パン粉 —— 大さじ2
- 牛乳 —— 大さじ1と1/2
- 溶き卵 —— 1個分(50g)
- 青ネギ(小口切り) —— 40g
- 塩、コショウ —— 各少し

エリンギ —— 大1本(60g)
米油 —— 小さじ1
バター —— 15g
しょうゆ —— 大さじ1
大根おろし、青ジソ —— 各適量

つくり方

❶ 豆腐はペーパータオルで包んで重しをのせ、1時間ほどおいて水切りする。エリンギは大きければ横半分に切り、薄切りにする。

❷ 肉ダネをつくる。ボウルにパン粉と牛乳を入れ、パン粉がふやけたら、溶き卵、❶の豆腐、青ネギ、塩、コショウの順に加えてよく混ぜる。ひき肉を加え、少し粘りが出るまで手でよく混ぜる。

❸ ❷を2等分して小判形に整え、真ん中を軽くへこませる。米油を入れて中火で温めたフライパンに並べ、フタをして弱めの中火で3〜4分焼く。

❹ 軽く焼き色がついたら上下を返し(写真a)、フタをして弱火でさらに5〜6分焼いて火をとおす(真ん中に竹串を刺してハンバーグをそっと押し、透明な肉汁が出ればOK)。焼き上がったら器に盛り、青ジソと大根おろしをのせる。

❺ ❹のフライパンにバターを溶かしてエリンギを炒め、しょうゆを加えてさっと炒め合わせ、❹のハンバーグにかける。

POINT

肉ダネがやわらかくてくずれやすいので、フライ返しなどで優しく上下を返す。

塩もみ白菜ギョーザ

(材料) 2人分

白菜	200g
塩	小さじ1/2
ニラ	1/2束(50g)
豚ひき肉	140g
ギョーザの皮(大判)	20枚

A ┌ にんにく、しょうが（各すりおろす） 各小さじ1
  ├ 砂糖、塩、しょうゆ、みそ、ゴマ油 各小さじ1
  ├ 湯 大さじ1と1/3
  └ 顆粒鶏ガラスープの素 小さじ1/2

米油	大さじ1
熱湯	160㎖
ゴマ油	小さじ2

(つくり方)

❶ 白菜はざく切りにし、塩をふってもむ。30分ほどおき、出てきた水気を絞る。ニラは細かく刻む。Aの湯に鶏ガラスープの素を入れて溶かしておく。

❷ ボウルにひき肉とAを入れ、肉の脂が出てねっとりするまで混ぜる。白菜とニラを加えて混ぜ、冷蔵庫で1時間ほど寝かせる（前日につくっておいても美味しい）。

❸ ギョーザの皮に等分した❷をのせて包む（写真a）。

❹ フライパンに米油を中火で熱し、❸を並べる。底に焼き色がついたら熱湯を注ぎ（写真b）、フタをして湯がなくなるまで蒸し焼きにする。途中でフライパンをゆすり、焦げつかないようにする（ムラなく焼き色がつくよう、フライパンの角度を変えながら焼くとよい）。

❺ 湯がなくなったらフタを取り、強火にして水分を飛ばす。ゴマ油を回しかけ、フライパンをゆすりながら1分ほど焼く。

POINT

a 具は、はみ出さない程度になるべくたっぷりのせる。

b 熱湯を注いで蒸し焼きにし、ふっくら火をとおす。

ジューシーな白菜がたっぷり！
いつも無心になって
食べてしまいます

Part 1　わが家の定番リピートおかず　021

ひらひら大根とゴボウの香り鍋

野菜は歯ざわりのいい切り方に。香り野菜は春菊やセリ、クレソンでもOK

（材料）2人分

- 大根 ──── 350g
- ゴボウ ── 1/3本（50g）
- 豚薄切り肉 ──── 200g
- セロリスプラウト ── 適量
- A
  - だし汁 ──── 3カップ〜
  - しょうゆ ──── 大さじ2
  - 酒 ──── 大さじ1
  - 塩 ──── 小さじ1
- 卵（L）──── 2個
- 万能ネギ（小口切り）──── 適量

（つくり方）

❶ 大根は皮をむいて縦半分に切り、スライサーで縦に長く薄くスライスする。ゴボウは長めのささがきにし、水に5分ほどさらしてアク抜きをする。豚肉は食べやすい大きさに切る。

❷ 鍋にAを入れて煮立たせ、大根、ゴボウを加えて煮る。大根が透けてきたら豚肉を加え、アクを取ってセロリスプラウトを加える。

❸ 豚肉に火がとおったら、溶いた卵を入れた器に取り分け、万能ネギを散らす。

大根と豚バラの煮物

材料　2人分

- 大根 ——— 350g
- しょうが ——— 15g
- 豚バラ薄切り肉 ——— 140g
- ゴマ油 ——— 小さじ1
- めんつゆ（3倍濃縮） ——— 大さじ3
- 万能ネギ（小口切り） ——— 適量
- 七味唐辛子 ——— 少し

つくり方

❶ 大根は皮をむき、1cm幅の半月形に切る。しょうがは千切りにする。豚肉は3cm幅に切る。

❷ 鍋にゴマ油を中火で熱し、しょうがと豚肉を炒める。香りが立ってきたら、大根も加えて炒める。大根に油が回ったら、かぶるくらいの水を加えて強火で煮る。煮立ったら中火にし、アクを取りながら3分ほど煮る。

❸ めんつゆを加え、クッキングシートをかぶせて落としブタをし、煮汁が少なくなるまで10分ほど煮る（途中で鍋をふって上下を返す）。そのまま冷まして味をなじませ、食べる直前に温め直す。器に盛って万能ネギを散らし、七味唐辛子をふる。

大根にうま味とコクがしみしみ。
煮汁ごとご飯にのせて食べても

野菜たっぷりすいとん

肌寒い日に恋しくなる、あったかすいとん。野菜不足のときにもぴったりです

材料 2人分

- 大根 ———— 100g
- ニンジン ——— 1/3本(50g)
- ゴボウ ———— 1/5本(30g)
- 長ネギ ———— 適量
- こんにゃく ——— 40g
- 鶏モモ肉 ——— 100g
- だし汁 ———— 3カップ
- A ┌ 米粉 ———— 60g
- A │ 片栗粉 ——— 小さじ1
- A └ 塩 ———— ふたつまみ
- 熱湯 ———— 1/4カップ
- みそ ———— 大さじ2

つくり方

❶ 大根、ニンジンは皮をむき、薄めのいちょう形に切る。ゴボウはささがきにし、水に5分ほどさらす。長ネギは斜め切りにする。こんにゃくは小さめにちぎる。鶏肉は小さめのひと口大に切る。

❷ 鍋にだし汁と❶を入れて中火にかけ、7〜8分煮る。

❸ ❷を煮ている間にすいとんをつくる。ボウルにAを入れて手で混ぜ、熱湯を加えて混ぜる。手でこねてひとまとまりになったら、小さめのひと口大にちぎりながら❷に加え、3分ほど煮る。

❹ みそを溶き入れて火からおろす。

MEMO

米粉は波里の「サクッ！と仕上がるお米の粉」を使用。種類によって吸水率が異なるため、できれば同じものでつくってみてください。

カボチャとブロッコリーの豆腐グラタン

豆腐をつぶしたあっさりソース。ほくほくの野菜とよく合います

【材料】2人分

- カボチャ ―― 150g
- ブロッコリー ―― 1/4個（50g）
- ハム ―― 50g
- 豆腐 ―― 300g
- A ┌ みそ ―― 大さじ1
　　└ 顆粒鶏ガラスープの素 ―― 小さじ1
- オリーブオイル ―― 小さじ1
- 塩、コショウ ―― 各少し
- ピザ用チーズ ―― 50g

【つくり方】

❶ カボチャは皮つきのまま3cm角に切る。ブロッコリーは小房に分ける。ハムは食べやすい大きさに切る。

❷ 耐熱容器にカボチャを入れてふんわりラップをし、電子レンジ（600W）で2分加熱する。その上にブロッコリーをのせ、さらに30秒加熱する。

❸ 豆腐はペーパータオルなどで包んで軽く水気をきる。ザルでこし、Aを加えて混ぜる。

❹ フライパンにオリーブオイルを中火で熱してハムを炒め、❸を加える。豆腐の水分を飛ばすように炒め、塩、コショウして味をととのえる。カボチャとブロッコリーを加え、さっと炒める。

❺ 水でさっと濡らしたグラタン皿に❹を入れ、チーズを散らす。オーブントースターでこんがり焼き色がつくまで焼く。

Part 1　わが家の定番リピートおかず

ナスの香味野菜ダレ

蒸し焼きナスと
香り豊かなタレ。
これだけでごちそうです

材料 2人分

- ナス ── 3本(300g)
- 細ネギ(小口切り) ── 大さじ3
- しょうが ── 15g
- ゴマ油 ── 適量
- A
  - しょうゆ ── 大さじ1と1/2
  - 酒、みりん、酢 ── 各大さじ1

つくり方

① ナスは半分の長さに切ってから、4つ割りにする。しょうがはみじん切りにする。Aは混ぜ合わせておく。

② フライパンにゴマ油大さじ1をひき、ナスを皮目を下にして入れ、弱めの中火で焼く。焼き色がついたら上下を返し、反対側も焼く。フタをしてくったりするまで蒸し焼きにし、取り出しておく。

③ 香味野菜ダレをつくる。②のフライパンをペーパータオルでふいてゴマ油小さじ1/2を中火で熱し、しょうがを炒める。香りが立ったらAを加えて1〜2分加熱する。細ネギを加えて混ぜ、火を止める。

④ 器に②のナスを盛り、③をかける。

うちで人気のコールスロー

キャベツ好きの夫の大好物。
たっぷり作っても
すぐになくなります

材料 つくりやすい分量

- キャベツ —— 500g
- ニンジン —— 2/3本(100g)
- 塩 —— 小さじ1
- ホールコーン(缶詰) —— 80g

ドレッシング
- りんご酢(または好みの酢)、マヨネーズ —— 各大さじ2
- カルピス(原液) —— 大さじ1〜2

つくり方

❶ キャベツとニンジンは千切りにする。大きなポリ袋またはボウルに入れ、塩をふってよく混ぜ、しんなりするまでしばらくおく。

❷ 大きなボウルにドレッシングの材料を入れ、よく混ぜる。

❸ ❶の野菜から出た水気を絞り、コーンとともに❷に加え、よく混ぜ合わせる。冷蔵庫に1時間ほどおいて味をなじませ、盛りつける前にもう一度よく混ぜる。

MEMO
キュウリやパプリカ、ゆでたブロッコリー、ハムなどを加えても。カルピスは好みで増やしてもOK。味をみながら調整を。

Column 1 Homemade Seasonings

うちの手づくり調味料

味の決め手となる調味料は、時間があるときにつくっておきます。
常備しているのは、めんつゆ、しょうゆ麹、塩麹の3つ。
手づくりすると、おいしさが一段上がるのでぜひお試しを!

めんつゆ

材料とつくり方（つくりやすい分量）

❶ **しょうゆ、みりん各1と1/2カップ、酒90㎖、昆布（15㎝四方）1枚、カツオ節15g**を鍋に入れ、半日ほどそのままおく。
※季節によっては、冷蔵庫で保存する。

❷ ①を中火にかけ、煮立ったら少し火を弱めて3分ほど煮る。冷めたら保存容器に移す。

MEMO
冷蔵庫で1週間ほど保存できます。おひたしなら、めんつゆ1：水1、煮物なら1：3、麺のつけ汁なら1：2を目安に。

塩麹

材料とつくり方（つくりやすい分量）

❶ **米麹（生）200g**を清潔な保存容器に入れ、**粗塩（精製塩は使わない）60g**を加えて**水1～1と1/2カップ**（米麹がひたひたに浸かるくらいが目安）を注ぐ。
※乾燥の米麹を使う場合は粗塩を70gにする。

❷ 保存容器のフタをゆるく閉めて常温におき、清潔なスプーンで1日1回かき混ぜる。全体がとろっとして、塩のカドが取れてまろやかになればでき上がり。夏は10日ほどで熟成する。冬は2週間ほどかかることもあるので、できるだけ暖かいところにおく。

MEMO
冷蔵庫で3か月ほど保存できます。ヨーグルトメーカーを使う場合は、しょうゆ麹と同様に60℃で8時間発酵を。肉や魚の下味やから揚げの下味などに。

しょうゆ麹

材料とつくり方（つくりやすい分量）

❶ 清潔な保存容器に**米麹（生）200g**を入れ、**しょうゆ1と1/2カップ**を注いでかき混ぜる。
※乾燥の米麹を使う場合は、ほぐしてからしょうゆ2カップを加える（雑菌が繁殖する可能性があるので減塩タイプは使用しない）。

❷ 保存容器のフタをゆるく閉めて常温におき、清潔なスプーンで1日1回かき混ぜ、10日ほど熟成させる。麹の粒が指でつぶせるくらいにやわらかくなり、少しとろみが出てきたらでき上がり。

MEMO
冷蔵庫で3か月ほど保存できます。真冬は発酵がゆっくりすすむので、熟成までの時間が長くなります。ヨーグルトメーカーを使う場合は、60℃で8時間発酵させればOK。温野菜や焼き魚にかけたり、炊き込みご飯、カレーの隠し味などに。

いつも使っている調味料

塩はうま味の濃い沖縄の海の塩を愛用。甘味をつけたいときは風味豊かでコクのあるきび砂糖かてんさい糖を。

しょうゆは天然醸造の滋味豊かな味わいのものを。みりんと酒は飲んで美味しいものを使っています。

―― Part 2 ――

お手頃肉＆魚介の満足おかず

豚こま切れ肉、鶏胸肉、ひき肉など、主役になるのは
手頃な素材ばかりですが、日々のおかずはこれくらいで十分。
うちではいつも季節の野菜と組み合わせるので、
ボリュームも美味しさも大満足。
ご飯と汁物を添えると立派な献立になります。

ボリューム満点肉おかず 鶏肉

梅風味の照り焼きチキン

材料 2人分

鶏モモ肉 ———— 300g
A ┌ 酒 ———— 大さじ1
  │ にんにく(すりおろす)
  │   ———— 小さじ1/2
  └ 塩 ———— 少し
片栗粉 ———— 大さじ1
米油 ———— 小さじ1/2
B ┌ 酒、みりん ― 各大さじ1
  │ しょうゆ
  └   ———— 小さじ1と1/2
梅肉 ———— 15g
（梅肉の塩分によりしょうゆの量を調整する）
青ジソ(千切り) ———— 適量

つくり方

❶ 鶏肉はひと口大に切り、Aをもみ込んで10分ほどおき、片栗粉を加えて混ぜる。

❷ フライパンに米油を弱めの中火で熱し、鶏肉を皮を下にして入れる。最初はいじらずそのまま焼き、焼き色がついたら上下を返して焼く(写真a)。

❸ 両面に焼き色がついたら一度火を止め、Bを加える。再び中火にかけて肉に調味料をからめ(写真b)、梅肉を加えてざっと混ぜる。器に盛り、青ジソをのせる。

POINT

a こんがり焼いて肉の香ばしさを引き出す。

b 調味料を加えたら、照りが出てくるまで煮つめる。

梅干しの酸味が
甘辛味のアクセント。
ご飯がすすみすぎて
困ります

Part 2　お手頃肉&魚介の満足おかず　　031

鶏のパリパリ焼き レモンタルタル

レモンがほのかに香る
さわやかなソースが
決め手！

（材料） 2人分

- 鶏モモ肉 ———— 300g
- 塩、コショウ —— 各適量
- 酒、しょうゆ —— 各小さじ1
- ゆで卵 ————— 2個
- A
  - マヨネーズ —— 大さじ3
  - レモンの皮（すりおろす） —— 1個分
  - レモン汁 —— 小さじ2
  - パセリ ————— 適量
- 米粉（または片栗粉） ———— 大さじ2
- 米油 ————— 大さじ2
- ベビーリーフ ——— 適量

（つくり方）

❶ 鶏肉は筋を除き、できるだけ均一になるように観音開きにする。皮は包丁で数か所刺して焼き縮みを防ぐ。塩、コショウをふり、酒、しょうゆをふりかけて軽くもみ、そのまま10分ほどおいて下味をつける。

❷ レモンタルタルソースをつくる。ゆで卵は黄身と白身に分ける。刻んだ白身と黄身をボウルに入れ、Aを加えて混ぜ、塩、コショウで味をととのえる。

❸ ❶の鶏肉に米粉をまんべんなくまぶす。フライパンに米油を中火で熱し、鶏肉を皮目から入れ、フライ返しで押さえてしっかりと焼く。焼き色がついたら上下を返し、反対側も同じように焼いて火をとおす。焼き上がったら、ペーパータオルにのせて余分な油をきる。食べやすく切ってベビーリーフとともに器に盛り、❷をかける。

しっとりよだれ鶏

（材料）2人分

鶏胸肉（室温に戻す）
　　　　　　　　300g
きび砂糖　　　　小さじ1
にんにく（すりおろす）
　　　　　　　　小さじ1
A ┌ しょうゆ
　│　　　　　　大さじ2と1/2
　│ みりん　　　大さじ2
　└ 酒、酢　　　各大さじ1
いりゴマ（白）　大さじ1
万能ネギ（小口切り）
　　　　　　　　大さじ2

（つくり方）

❶ 鶏肉はフォークで全体を刺す（加熱したときの縮みを防いで肉がやわらかくなり、タレもしみ込みやすくなる）。きび砂糖とにんにくをすり込む。

❷ 耐熱のポリ袋にAを入れ、❶を加えて袋の口を結ぶ。湯を沸かした鍋に入れ、沸騰させた状態で約3分加熱する。火を止めて鍋のフタをし、そのまま30分ほどおく。

❸ 鍋から取り出し、ポリ袋にゴマと万能ネギを加え、袋ごと冷ます。鶏肉を斜めに薄切りして器に盛り、袋に残ったタレをかける。

MEMO

残ったタレはちょっと煮つめて豆腐にかけるのもおすすめ。水と鶏ガラスープの素を足して味をととのえ、卵スープにしてもおいしい。

余熱で火を入れると、胸肉とは思えないやわらかさに

Part 2　お手頃肉&魚介の満足おかず

鶏胸肉とタマネギの南蛮漬け

シャキシャキの野菜たっぷりがわが家流。できたても翌日も美味しい一品

材料 つくりやすい分量

- 鶏胸肉 —— 300g
- ピーマン —— 1個
- タマネギ —— 1/2個(100g)
- 塩 —— 小さじ1/4
- 片栗粉 —— 大さじ1
- 米油 —— 大さじ1
- A
  - 水 —— 1/2カップ
  - きび砂糖 —— 40g
  - しょうゆ、酢 —— 各1/4カップ
- 赤唐辛子(種を取って輪切り) —— 1〜2本

つくり方

① ピーマンは細切りにし、タマネギは薄切りにする。鶏肉はひと口大の1cm厚さのそぎ切りにし、塩をふってもみ、片栗粉をまぶす。

② フライパンに米油を弱めの中火で熱し、①の鶏肉の両面を焼いて火をとおす。

③ 鍋にAを入れて火にかけ、煮立ったら火を止める。

④ 保存容器などに②と①の野菜を入れて③を注ぎ、赤唐辛子を散らす。粗熱が取れて少し冷めたら冷蔵庫に入れ、野菜がしんなりして全体に味がしみるまでよく冷やす(途中で上下を返して混ぜる)。

MEMO

ニンジンやパプリカなど、好みの野菜を加えても。

やみつき鶏スペアリブ

材料 つくりやすい分量

- 鶏スペアリブ（手羽中を半分に切ったもの）——300g
- 塩、粗びきコショウ（黒）——各適量
- 片栗粉、米油——各大さじ1

タレ
- しょうゆ、みりん——各大さじ1
- 好みの酢（りんご酢など）、きび砂糖——各小さじ1
- 長ネギ（みじん切り）——大さじ2

つくり方

❶ スペアリブは塩、コショウをふってよくもみ、片栗粉をまんべんなくまぶす。タレの材料は混ぜ合わせておく。

❷ フライパンに米油を中火で熱し、スペアリブを並べて両面に焼き色がつくまでしっかりと焼く。一度火を止め、余分な油をペーパータオルでふき取る。

❸ 再び中火にかけ、❶のタレを加えてよく絡める。

ついつい手が止まらなくなる魅惑の甘辛味。1人10本は余裕です

Part 2　お手頃肉&魚介の満足おかず

ボリューム満点肉おかず 豚肉

薄切り肉のチャーシュー

材料 つくりやすい分量

豚ロース薄切り肉 ――― 500g
塩、コショウ ――― 各少し
小麦粉 ――― 適量
A ┌ しょうゆ ――― 大さじ3
　├ 酒、みりん ― 各大さじ2
　├ 酢 ――― 大さじ1
　└ 水 ――― 1/2カップ
米油 ――― 小さじ1
ゆで卵 ――― 2個
辛子 ――― 適宜

つくり方

❶ Aは混ぜ合わせておく。豚肉は赤身と脂身の境目に包丁で切り込みを3か所ほど入れて、スジを切る。半量ずつに分け、少しずらして重ね、18㎝長さくらいになるよう横に並べる。全体に塩、コショウをふり、茶こしで小麦粉をまぶす。

❷ ①の端をぎゅっと押さえながらくるくると巻き（写真 a ）、15㎝ほどのロール状に形を整える。もう1本も同様につくる。

❸ フライパンに米油を弱めの中火で熱し、②を並べる（写真 b ）。表面がかたまってきたら上下を返しながら、まんべんなく焼き色をつける。全体に焼き色がついたら余分な油をペーパータオルでふき、Aを加える。クッキングシートをかぶせて落としブタをし、煮汁が少し残るくらいまで弱火で煮る（写真 c ）。

❹ 火を止めて粗熱が取れたら、煮汁ごとジッパー付き保存袋などに入れ、ゆで卵も加えて冷蔵庫に入れて味をなじませる。ゆで卵にも味がついたら、肉を好みの厚さに切ってゆで卵とともに器に盛り、好みで辛子を添える。

POINT

a 薄切り肉を少しずらして重ねてから巻くことで、かたまり肉のようなボリュームになる。

b 巻き終わりを下にして焼き始めると、形がくずれにくい。

c 弱火で煮ながら肉にしっかり味をしみ込ませる。

かたまり肉より気楽につくれて失敗がなく、食べやすいのが魅力。煮汁で味つき卵もつくれます！

カリカリ豚とナスの煮浸し風

無限に食べられる最高の組み合わせ。ナスはレンチンでヘルシー&手軽に

材料 2人分

- 豚バラ薄切り肉 —— 180g
- 塩 —— 少し
- にんにく(すりおろす) —— 小さじ1/2
- 片栗粉 —— 大さじ1〜2
- 米油 —— 小さじ1/2
- ナス —— 3本(300g)
- ゴマ油 —— 小さじ2
- A
  - ポン酢しょうゆ —— 大さじ5
  - 水 —— 大さじ2
  - 酢 —— 大さじ1
  - きび砂糖 —— 小さじ1
- 大根おろし、万能ネギ(小口切り) —— 各適量

つくり方

① 豚肉は5cm長さに切り、塩、にんにくをよくもみ込み、片栗粉をまんべんなくまぶす。

② フライパンに米油をひき、豚肉をほぐしながら広げて弱めの中火で焼く。肉から出てきた脂をペーパータオルで吸い取りながら、しっかり焼き色がついてカリカリになるまで焼く。焼き上がったら、ペーパータオルの上にのせて油をきる。

③ ナスは縦半分に切り、皮目に斜めに細かく切り目を入れ、3等分に切る。耐熱容器に入れ、ゴマ油を回しかけて全体にからめ、ふんわりラップをして電子レンジ(600W)で6〜7分加熱する。

④ ナスから出た水気をきってボウルに入れ、よく混ぜ合わせたAをかけてナスに味を含ませる。器にナスを盛って②をのせ、大根おろしをかけて万能ネギを散らす。

豚肉の甘辛焼き

メニューに困ったときは
いつもこれ！
必ず美味しく仕上がる
黄金レシピです

材料　2人分

豚薄切り肉	150g
塩、コショウ	各少し
小麦粉	大さじ1
米油	小さじ1/2
みりん	大さじ2
しょうゆ	大さじ1
きび砂糖	小さじ1
好みの千切り野菜	適量

つくり方

❶ 豚肉は塩、コショウをふり、小麦粉をまんべんなくまぶす。

❷ フライパンに米油を中火で熱し、豚肉の両面を焼いて一度取り出す。

❸ ❷のフライパンをペーパータオルできれいにふき取り、みりんを入れる。沸騰したら弱めの中火で30秒ほど加熱し、しょうゆときび砂糖を加えて15秒ほど煮つめる。❷の豚肉を戻し入れ、タレをからめる。千切り野菜を敷いた器にタレごと盛る。

POINT

フライパンに残ったタレが
野菜のドレッシング代わりに

Part 2　お手頃肉&魚介の満足おかず　039

青ジソたっぷり鶏の塩つくね

材料 2人分

- 鶏モモひき肉 ……… 300g
- 塩 ……………… 小さじ1/2
- 酒 ……………… 小さじ1
- 砂糖 …………… 小さじ1/2
- 顆粒鶏ガラスープの素
  ……………… 小さじ1と1/2
- 青ジソ …………… 10枚
- 長ネギ（みじん切り）
  ……………… 大さじ1
- ゴマ油 ………… 小さじ1

つくり方

❶ ボウルにひき肉を入れて塩を加え、しっかり粘りが出るまでよく混ぜる。酒、砂糖、鶏ガラスープの素を順に加えてよく混ぜる。

❷ 青ジソは粗みじん切りにし、長ネギとともに❶に加えて混ぜる。8等分にして平たい円形に整える。

❸ フライパンにゴマ油を中火で熱して❷を並べ、軽く焼き目がついたら上下を返し、フタをして火がとおるまで焼く。青ジソ（分量外）とともに、器に盛る。

青ジソの香りを生かしたいから、シンプルな塩味で焼き上げます

照り照り鶏の白ゴマハンバーグ

ゴマの香ばしさがたまらない！
ご飯と一緒に食べたいハンバーグです

材料　2人分

- 鶏モモひき肉 ── 200g
- 長ネギ（みじん切り） ── 大さじ3
- A
  - 片栗粉 ── 大さじ1
  - 酒 ── 小さじ2
  - 塩、コショウ ── 各少し
- いりゴマ（白） ── 大さじ1と1/2
- 米油 ── 小さじ1/2
- 水 ── 大さじ1
- B
  - しょうゆ、酒、みりん ── 各大さじ1
- 青ジソ ── 適量

つくり方

❶ ボウルにひき肉、長ネギ、Aを入れ、粘りが出るまでよく混ぜる。5等分にして平たい円形に整え、両面にゴマをふり、手で軽く押しながらくっつける。

❷ フライパンに米油を弱めの中火で熱し、❶を並べる。焼き色がついたら上下を返し、分量の水を加えてフタをし、蒸し焼きにする。

❸ Bを加えて中火にし、フライパンをゆすりながらタレをからめる。器に盛って青ジソを添える。

Part 2　お手頃肉&魚介の満足おかず

みそダレ肉じゃが

材料 2人分

ジャガイモ —— 3個（300g）
A ┌ 豚ひき肉 —— 100g
　├ 酒 —— 大さじ2
　├ みそ、みりん —— 各大さじ1
　└ にんにく（すりおろす） —— 小さじ1/2
万能ネギ（小口切り） —— 適量

つくり方

❶ ジャガイモは皮をむき、ひと口大に切る。耐熱ボウルに入れてふんわりラップをし、電子レンジ（600W）で4分加熱する。中までやわらかくなっているか、楊枝などを刺して確認し、まだかたい場合はさらに30秒ほど加熱する。

❷ Aを混ぜ合わせ、❶のジャガイモの上からかける。表面を平らにし、ふんわりラップをして再び電子レンジで2分30秒加熱する。ラップを外して上下を返すようにそっと混ぜたら、再びラップをしてそのまま5分ほど蒸らす（写真a）。器に盛り、万能ネギを散らす。

MEMO

煮物は冷めていくときに味が入っていくので、時間があれば少し冷めるまでそのままおくと、より美味しくなります。

POINT

a
レンジ加熱後、ラップをしたまま少しおくと、余熱で素材に優しく火がとおる。

ほくほくのジャガイモにみその風味がじんわり。レンジなら、短時間で味がしみます

ひき肉と春雨の炒め物

つるんとした口当たりがくせになる！うちでリピート率の高いひと皿

材料 2人分

- 豚ひき肉 —— 180g
- 春雨（乾燥）—— 45g
- 青ネギ —— 40g
- A
  - 水 —— 大さじ3
  - しょうゆ、酒 —— 各大さじ1
  - きび砂糖 —— 小さじ2
  - 顆粒鶏ガラスープの素 —— 小さじ1
- ゴマ油 —— 小さじ1/2
- 塩、コショウ —— 各少し
- にんにく（すりおろす）—— 小さじ1/2

つくり方

❶ 春雨は熱湯につけて戻し、水気をきって食べやすい長さに切る。青ネギは4〜5cm長さに切る。Aは混ぜ合わせておく。

❷ フライパンにゴマ油を中火で熱し、ひき肉を炒める。塩、コショウ、にんにくを加え、肉の色が変わってぽろぽろになるまで3分ほど炒める。

❸ 一度火を止め、余分な油をペーパータオルでふき取る。再び中火にかけ、春雨とAを加えて少し煮て春雨に煮汁を吸わせる。仕上げに青ネギを加え、さっと炒め合わせる。

フレッシュなユズの香りが広がる一品。牛肉の味わいが底上げされます。焼き加減はお好みで

牛肉のユズポン漬け

材料 2人分

牛ステーキ肉（室温に戻す） ── 150g
塩、コショウ ── 各少し
オリーブオイル ── 小さじ1
ポン酢しょうゆ ── 適量
しょうゆ ── 少し
ユズの皮（千切り） ── 少し

つくり方

❶ 牛肉は全体に塩、コショウをふる。

❷ フライパンにオリーブオイルを中火で熱し、牛肉の全面を焼く（中はレアの状態でOK）。

❸ バットにポン酢しょうゆを入れてしょうゆを加え、❷の牛肉を半日から一晩漬け込む。食べやすく切って器に盛り、ユズの皮をのせる。

牛肉とゴボウの炒め物

茶色いおかずはやっぱり最強！
かむほどにうま味が
あふれ出します

材料 2人分

牛薄切り肉 ──── 150g
ゴボウ ──── 1/5本(30g)

焼肉のタレ
(でき上がり約大さじ8)
A｜
　しょうゆ ──── 大さじ4
　リンゴ(すりおろす)
　　　　　──── 大さじ1
　いりゴマ(白) ── 大さじ1
　しょうが(すりおろす)、き
　び砂糖、はちみつ
　　　　　──── 各小さじ2
　にんにく(すりおろす)
　　　　　──── 小さじ1
　一味唐辛子、塩、コショ
　ウ ──── 各少し
米油 ──── 小さじ1
万能ネギ(小口切り)
──── 適量

つくり方

❶ 焼肉のタレは材料をすべて混ぜ合わせる。

❷ 牛肉は食べやすい大きさに切る。ゴボウは長めの薄いささがきにし、水に5分ほどさらし、水気をきる。

❸ フライパンに米油を弱めの中火で熱し、ゴボウ、牛肉の順に炒める。❶の焼肉のタレ大さじ3を加えてさっとからめる。器に盛り、万能ネギを散らす。

MEMO

残った焼肉のタレは、冷蔵庫で約1週間保存できます。焼いた魚や野菜にかけても。

ボリューム満点 魚介おかず

鮭のマヨポン炒め

材料 3〜4人分

- 甘塩鮭 —— 3切れ(350g)
- キャベツ —— 200g
- パプリカ(赤) —— 1/2個
- タマネギ —— 1/2個(100g)
- コショウ —— 少し
- 小麦粉 —— 大さじ2
- マヨネーズ —— 大さじ3
- ポン酢しょうゆ —— 大さじ2
- 米油 —— 小さじ2

つくり方

① キャベツは太めの千切りにし、パプリカは細切りにする。タマネギは薄切りにする。

② 鮭はひと口大に切って骨を除き、ペーパータオルで水気をふき取ってからコショウをふる。小麦粉をまぶし、余分な粉をはたく。

③ ボウルにマヨネーズとポン酢しょうゆを入れ、よく混ぜる。

④ フライパンに米油を中火で熱して②の鮭を入れ、両面を3分ほどこんがりと焼く。火がとおったら取り出す。

⑤ ④のフライパンをさっとふき、パプリカ、タマネギを入れて炒める。しんなりしたらキャベツを加えて炒め合わせる。③に加えて混ぜ、④も加えて混ぜ合わせる。

マヨとポン酢で必ず味が決まる安心おかず。魚も野菜もしっかり食べたいときに

サーモンの和風カルパッチョ

さっぱりしたタマネギがサーモンの引き立て役。じつは、このドレッシングが食べたくてつくっています

材料 2人分

- サーモン（刺身用・切れているもの） ── 120g
- **タマネギドレッシング**
  - タマネギ ── 1/2個（100g）
  - オリーブオイル、ポン酢しょうゆ ── 各小さじ2
  - 塩、コショウ ── 各少し
- ブロッコリースプラウト、黒生コショウ ── 各適宜

つくり方

① タマネギドレッシングをつくる。タマネギはスライサーで薄切りにし、水にさらして辛味を除く。水気をしっかりきって、オリーブオイル、ポン酢しょうゆ、塩、コショウであえる。

② 器に①を盛ってサーモンを並べ、あればブロッコリースプラウト、黒生コショウをのせる。

MEMO

刺身は、タイやホタテ、甘エビなど好みのもので。

Part 2　お手頃肉&魚介の満足おかず　　047

ソースの軽やかなピリ辛味にリピート必至。ぷりっとしたエビと相性抜群です

エビの豆乳粒マスタード

材料 2人分

エビ ———— 10尾
水 ———— 大さじ2
マヨネーズ
　　　———— 大さじ1と1/2
粒マスタード ———— 小さじ2
豆乳(成分無調整)
　　　———— 大さじ3

つくり方

❶ エビは殻をむき、背に包丁を入れて開き、背ワタを取り除く。洗って水気をふき取る。

❷ 鍋に❶のエビと分量の水を入れて火にかける。水分がなくなり、エビの色が変わったら、マヨネーズを加えてさっと炒める。

❷ すぐに粒マスタードと豆乳を加え、さっと温める。

マグロのパン粉焼き

材料 2人分

マグロ ———— 1さく(200g)
塩、コショウ ———— 各少し
小麦粉、溶き卵、パン粉
　　　———— 各適量
米油 ———— 適量
カイワレ ———— 適量

つくり方

❶ マグロは全体に塩、コショウをふり、小麦粉、溶き卵、パン粉の順で衣をつける。

❷ フライパンに米油を1cm深さまで入れて中火で熱し、❶のマグロの全面を焼く。食べやすく切ってカイワレとともに器に盛り、塩を添える。

シシャモの青ジソバターじょうゆ

（材料）2人分

シシャモ	6尾
青ジソ	6枚
バター	5g
しょうゆ	小さじ1
いりゴマ（白）	適量

（つくり方）

❶ シシャモに青ジソを巻きつけてフライパンに並べ、両面をこんがりと焼く。

❷ 焼き色がついたらバターを加えてからめ、しょうゆを回しかけてゴマをふる。

ほんのひと手間で気の効いたひと皿に

手ごろな刺身でも十分美味しい！

Part 2　お手頃肉&魚介の満足おかず　049

たっぷり野菜と一緒に

鶏肉とカラフル野菜のチョップドサラダ

材料 2人分

鶏胸肉（室温に戻す）
　——————— 200g
きび砂糖 ——— 小さじ1
A 酒、水 ——— 各大さじ1
キュウリ —————— 1本
レタス ————— 3〜4枚
パプリカ（赤、黄）
　——————— 各1/2個
紫キャベツ ———— 60g
ドレッシング
（つくりやすい分量）
　タマネギ（みじん切り）
　　— 大さじ1と1/2（40g）
　にんにく（すりおろす）
　——————— 小さじ1
　マヨネーズ —— 大さじ4
　トマトケチャップ
　——————— 大さじ2
　りんご酢 ——— 小さじ2
　オリーブオイル
　——————— 小さじ1
　塩、コショウ —— 各少し

つくり方

❶ 鶏肉は厚みのある部分に包丁で切り込みを入れ、全体をフォークで刺し、きび砂糖をすり込む。耐熱容器に入れ、Aを加えて15分おく。ふんわりラップをし、電子レンジ（600W）で2分加熱し、上下を返して1分加熱する。そのまま少しおき、余熱で火を入れる。粗熱が取れたら冷蔵庫で保存する。

❷ キュウリは小口切りにする。レタス、パプリカ、紫キャベツは1〜2cm角に切る。ドレッシングの材料は混ぜ合わせる。

❸ ①の鶏肉は食べやすい大きさに手でさき、②の野菜とともにドレッシングであえる（写真a）。

POINT

水っぽくならないよう、食べる直前にあえて。

フレッシュな野菜と
鶏胸肉でヘルシーに。
これなら、お腹いっぱい
食べても大丈夫!

オクラとササミのから揚げ風

見た目とは裏腹に、味はちゃんとから揚げ。ねばねば食感があとを引きます

材料 2人分

- オクラ —— 6本
- 鶏ササミ —— 200g
- A
  - しょうゆ、酒 —— 各大さじ1
  - 顆粒鶏ガラスープの素、にんにく(すりおろす) —— 各小さじ1
- 片栗粉 —— 大さじ2
- 米油 —— 大さじ1

つくり方

❶ オクラはガクのかたい部分を包丁で削り取り、2〜3cm長さに切る。ササミは筋があれば除き、縦半分に切ってから1cm幅くらいに切る。

❷ ポリ袋にAを入れて混ぜ、❶を加えて軽くもみ、10分ほどおいて下味をつける。片栗粉を加えてまんべんなく混ぜる。

❸ フライパンに米油をひいて温め、一度火を止める。❷をスプーンなどでひと口大にすくい、形を整えながらフライパンに並べる。再び弱めの中火にかけ、フタをして焼く。肉の色が変わったら上下を返し、反対側を弱火で軽く焼いて火をとおす。

MEMO

1個につき、オクラが2切れほど入るようにするとバランスよく仕上がります。

アボカド肉巻き

とろっとやわらかくなった
アボカドが主役！
アボカドが少し
はみ出すように巻くのがコツ

材料 2人分

- アボカド ―――― 1個
- 豚薄切り肉 ―― 8枚（100g）
- 塩、コショウ ―― 各少し
- 小麦粉 ―――― 少し
- 米油 ―――― 小さじ1
- A しょうゆ、酒、みりん
  ―――― 各大さじ1

つくり方

❶ アボカドは縦にぐるりと切り目を入れ、手でねじって2つに割る。種を取って皮をむき、8等分のくし形に切る。

❷ 豚肉を1枚ずつ広げ、塩、コショウをふる。茶こしで小麦粉をふり、アボカドに巻きつける。

❸ フライパンに米油を中火で熱して❷を並べ、豚肉に火がとおるまで返しながら焼く。一度火を止め、余分な油をペーパータオルでふき取る。

❹ Aを加えて再び中火にかけ、照りが出るまで焼く。

Part 2　お手頃肉&魚介の満足おかず

ひき肉たっぷり簡単マーボーナス

くったりしたナスに
ひき肉のうま味をまとわせた
至福のひと皿

材料 2人分

- ナス ───── 3本（300g）
- 豚ひき肉 ───── 180g
- A
  - 長ネギ（みじん切り） ───── 大さじ3
  - 豆板醤 ───── 大さじ1
  - にんにく、しょうが（各すりおろす） ───── 各小さじ1
- 水 ───── 140㎖
- B
  - 酒、しょうゆ ───── 各大さじ2
  - 顆粒鶏ガラスープの素 ───── 小さじ1
- C
  - 片栗粉 ───── 大さじ1
  - 水 ───── 大さじ2
- 米油 ───── 大さじ2
- ゴマ油 ───── 小さじ1/2

つくり方

❶ ナスはひと口大の乱切りにする。A、B、Cはそれぞれ小さな容器に入れて混ぜておく。

❷ フライパンに米油大さじ1を弱めの中火で熱し、ナスを炒める。色づいてきたら上下を返し、米油大さじ1を足す。火がとおったら、取り出しておく。

❸ ②のフライパンをさっと拭き、ひき肉を炒める。あまりいじらず、肉の色が変わったらAを加え、香りが出るまでしっかり炒める。Bを加えて2～3分煮て、ひき肉のうまみを引き出す。

❹ ナスを戻し入れてさっと炒め、Cの水溶き片栗粉をもう一度よく混ぜてから、2～3回に分けて加える。ほどよくとろみがついたら、1分ほどぐつぐつ煮立たせる。仕上げにゴマ油を回し入れて香りをつける。

長イモと豚肉の酢豚風

2素材でつくれる簡単おかず。
うちでは普通の酢豚より
人気です

(材料) 2人分

長イモ ──────── 200g
豚薄切り肉 ─────── 120g
塩、コショウ ────── 各少し
片栗粉 ──────── 適量
A ┌ 酢、しょうゆ
　│　　　　── 各大さじ2
　│ きび砂糖、酒
　└　　　　── 各大さじ1
ゴマ油 ──────── 小さじ1

(つくり方)

❶ 長イモは皮をむき、1.5cm角の棒状に切る。豚肉を巻きつけて塩、コショウをふり、全体に片栗粉をまぶす。

❷ フライパンにゴマ油を中火で熱し、❶を焼く。全面にこんがりと焼き色がついたら、混ぜ合わせたAを加えて照りが出るまで煮詰める。

Part 2　お手頃肉&魚介の満足おかず　055

ゆったり時間が流れる暮らし

Column 2
A life where time flows slowly

ぐるりと一面自然に囲まれているわが家。最近は、身近にある素材でお茶や保存食をつくるのが日々の楽しみに。

自家製ハーブティー

家の周りに生えているミントやバジルなどのハーブを摘んでハーブティーに。日当たりのいい縁側に置いておくと、数日で乾燥します。やさしい香りは手づくりならでは。写真はホーリーバジル。

自分で育てた梅で梅仕事

家の裏山には大きな梅の木があります。無農薬の梅で梅干しをつくったり、青梅のはちみつ漬けをつくったりと梅仕事を満喫しています。

庭先のユズやレモンで香りづけ

庭先には念願だった実のなる木がいくつかあり、中でも重宝しているのがユズやレモン。ちょっと香りがほしいときにすぐに収穫できるのがうれしい。

―― Part 3 ――

毎日食べたい野菜おかず

いつからこんなに野菜を食べるようになったのか、
今では思い出せませんが、1年365日、
うちの食卓に野菜のおかずは欠かせません。
煮たり、焼いたり、揚げたり、炒めたりと
どんなふうに調理をしても、食べるとほっとします。

大型野菜を使いきり

塩もみキャベツの 焼き春巻き

材料 5本分

キャベツ ——— 300g
塩 ——— 5g
春巻きの皮(19cm角)
——— 5枚
カニ風味かまぼこ
——— 100g
ピザ用チーズ ——— 75g
青ジソ ——— 5枚
A 小麦粉、水 — 各小さじ2
米油 ——— 小さじ3
辛子、しょうゆ —— 各適量

つくり方

❶ キャベツは千切りにして塩をふり、全体をよく混ぜて30分ほどおく。しんなりしたら、水気をしっかり絞る。

❷ 春巻きの皮に、等分した❶をのせ、カニ風味かまぼこ、チーズ、青ジソを順にのせる(写真 a)。端からきつめにぎゅっと巻いてから、両端を折ってくるりと巻き、巻き終わりに混ぜ合わせたAを塗ってとめる。

❸ フライパンに米油小さじ1を弱めの中火～弱火で熱し、❷を並べて焼く。焼き色がついてきたら上下を返し(写真 b)、米油小さじ1を回し入れる。全体にこんがりしてきたら、残りの米油小さじ1を鍋肌から回し入れ、フライパンをゆすって全体に行き渡らせ、きつね色に焼き上げる。器に盛り、辛子としょうゆを添える。

POINT

a キャベツの水分が残っていると巻いたときに皮が破けやすくなるので、水気をよく絞っておく。

b 米油を少しずつ加えながら、全体に美味しそうな焼き色をつける。

カリッとした皮の中には
キャベツがぎっしり！
サラダみたいに軽やかな美味しさです

Part 3　毎日食べたい野菜おかず　059

キャベツたっぷりの豚汁

豚バラ肉のコクとキャベツの甘さが相性抜群。これさえあれば、おかずはいらないくらい

材料 2人分

- キャベツ —— 140g
- 豚バラ薄切り肉 —— 80g
- タマネギ —— 1/4個(50g)
- ニンジン —— 1/3本(50g)
- ゴマ油 —— 小さじ1
- だし汁 —— 3カップ
- みそ —— 大さじ1と1/2〜2
- 万能ネギ(小口切り) —— 適量

つくり方

❶ キャベツは3cm角に切り、タマネギとニンジンは小さめのサイコロ状に切る。豚肉は3cm幅に切る。

❷ 鍋にゴマ油を中火で熱し、ニンジンを炒める。タマネギ、キャベツを加え、しんなりしたら豚肉を加えてさっと炒める。だし汁を加え、煮立ったら火を弱め、アクを取りながら野菜がやわらかくなるまで煮る。

❸ みそを溶き入れ、煮立つ直前に火を止める。器に盛り、万能ネギを散らす。

ざく切りキャベツのオリーブオイル蒸し

たっぷり食べるなら、オイル蒸しに限ります。シンプルなのにしゃれた味になるのもうれしい！

シャキシャキ大根サラダ

(材料) 2人分
- 大根 ———— 200g
- 豆腐(木綿) ———— 75g
- ちりめんじゃこ ———— 20g

ドレッシング
- しょうゆ ———— 大さじ2
- 酢、ゴマ油 ———— 各小さじ2
- きび砂糖 ———— 小さじ1
- 青ジソ(千切り) ———— 3枚
- ゴマ油 ———— 少し

(つくり方)

❶ 豆腐はペーパータオルで包んで重しをのせ、しばらくおいてしっかり水きりし、小さめのひと口大に切る。大根は皮をむいて千切りにし、冷水に10分ほどつけてパリッとさせる。

❷ ちりめんじゃこはゴマ油でさっと炒め、カリカリにする。ドレッシングの材料はよく混ぜておく。

❸ 大根はザルに上げて水気をきり、さらに余分な水気をペーパータオルで吸い取る。豆腐とともにボウルに入れてドレッシングであえ、器に盛って❷のちりめんじゃこを散らし、青ジソをのせる。

大根をひたすら千切りにすると、
みずみずしい食感が待っています

(材料) 2人分
- キャベツ ———— 260g
- オリーブオイル ———— 大さじ1弱
- 顆粒鶏ガラスープの素 ———— 小さじ1

A
- ツナ缶(ノンオイル) ———— 1缶(70g)
- いりゴマ(白) ———— 小さじ2
- 塩、コショウ ———— 各少し

(つくり方)

❶ キャベツは5cm長さのざく切りにする。かたい芯の部分は薄切りにする。

❷ 耐熱ボウルにキャベツを入れてふんわりラップをし、電子レンジ(600W)で3分加熱する。上からオリーブオイルを回しかけて全体をよく混ぜ、再びラップをして1分加熱する。

❸ 熱いうちに鶏ガラスープの素を加えてよく混ぜ、Aも加えて混ぜ合わせる。

Part 3　毎日食べたい野菜おかず

大根と鶏肉のしょうがスープ

材料　2人分

- 鶏モモ肉 ———— 250g
- 大根 ———— 250g
- しょうが ———— 20g
- ゴマ油 ———— 小さじ1
- 水 ———— 2と1/2カップ
- A ┌ 酒、しょうゆ ———— 各大さじ1
     └ 顆粒鶏ガラスープの素 ———— 小さじ1
- 塩、コショウ ———— 各適量

つくり方

❶ 大根は皮をむいて7mm厚さのいちょう切りにする。鶏肉はひと口大に切る。しょうがは薄切りにする。

❷ 鍋にゴマ油を弱めの中火で熱し、大根を炒める。大根が透きとおったら、分量の水を加えて強火にする。煮立ったら火を弱めてアクを除き、大根がやわらかくなるまで煮る。

❸ Aを加えて3〜4分煮たら、塩、コショウで味をととのえる。

MEMO

たっぷりの九条ネギを追加しても美味しい。

主材料2つとは思えない滋味深さ！しょうがの風味もたっぷりです

ごろっと肉だんごの白菜塩鍋

じゅわっとあふれる肉汁が圧巻！白菜の甘味でほっとする味に

材料 2人分

- 白菜 ── 300g
- 鶏モモひき肉 ── 250g
- A
  - 長ネギ（みじん切り） ── 大さじ3
  - しょうが（すりおろし） ── 小さじ1
  - 春雨（乾燥） ── 8g
  - 溶き卵 ── 1/2個分
  - 片栗粉、みそ ── 各小さじ1
  - 塩、コショウ ── 各少し
- B
  - 水 ── 3と1/2カップ
  - 酒 ── 大さじ1
  - 顆粒鶏ガラスープの素 ── 小さじ2
  - 塩 ── 小さじ1/2
- ポン酢しょうゆ、好みのラー油 ── 各適量

つくり方

❶ Aの春雨は湯につけて戻し、水気を切ってから1cm長さに切る。白菜は芯の部分は細切りにし、葉はざく切りにする。

❷ ボウルにひき肉、Aを入れ、粘りが出るまでよく混ぜ、8等分にして丸める。

❸ 鍋にBを入れて煮立たせ、白菜を加えて煮る。やわらかくなったら❷を加え、アクを取りながら火がとおるまで煮る。器に取り分け、ポン酢しょうゆや好みのラー油をかける。

MEMO

〆は残ったスープに塩、コショウをふり、ゆでたそうめんを加えるのがおすすめです。

Part 3　毎日食べたい野菜おかず

シャキシャキした芯だからこそおいしいひと皿。豚バラのコクで食べごたえを出します

白菜の芯と豚バラの にんにく塩炒め

(材料) 2人分

白菜の芯 ──── 250g
豚バラ薄切り肉 ──── 120g
にんにく ──── 1かけ
ゴマ油 ──── 小さじ1
塩 ──── 小さじ1/2
顆粒鶏ガラスープの素
 ──── 小さじ1
粗びきコショウ(黒)── 適宜

(つくり方)

❶ 白菜の芯は5cm長さ、5mm〜1cm幅に切る。豚肉は3cm幅に切り、にんにくはみじん切りにする。

❷ フライパンにゴマ油を中火で熱し、にんにく、豚肉を炒める。香りが立って豚肉の色が変わったら、白菜の芯を加えて炒め合わせる。白菜の芯がしんなりしたら、塩、鶏ガラスープの素を加えて混ぜ合わせる。器に盛り、好みでコショウをふる。

白菜のペペロンチーノ

材料　2人分

白菜	250g
にんにく	1かけ
赤唐辛子	1本
ベーコン	50g
オリーブオイル	小さじ1
塩、コショウ	各少し

つくり方

❶ 白菜は長さを3等分にし、縦に2cm幅に切る。にんにくは薄切りにする。赤唐辛子は種を除き、輪切りにする。ベーコンは食べやすい大きさに切る。

❷ フライパンにオリーブオイルとにんにくを入れて弱火にかける。香りが立ってきたら、弱めの中火にし、ベーコン、赤唐辛子を加えて炒める。

❸ 白菜を加えて炒め、しんなりしたら、塩、コショウで味をととのえる。

パスタでおなじみの味を
あっさりした白菜で。
葉と芯の食感の
グラデーションも楽しい！

フライパンひとつで簡単副菜

コロコロ長イモの
バターじょうゆ

材料　2人分

長イモ	400g
片栗粉	大さじ2
米油	小さじ1
バター	10g
しょうゆ	大さじ1
青のり	適量

つくり方

❶ 長イモは皮をむいて2cm幅に切り、さらにサイコロ状に切る。片栗粉をまんべんなくまぶす。

❷ フライパンに米油を中火で熱して長イモを入れ、焼き色がついて透きとおるまで炒める。

❸ 余分な油をペーパータオルでふき取り、バターを加えてさっと炒める。しょうゆを加えてからめ、青のりをふって混ぜる。

あっさりした長イモをコクうまに。ほくほくの食感もくせになります

何かひと味足りないときは
おかかが重宝。
うま味がぐんと
アップします

カブとしめじのおかか炒め

材料 2人分

カブ	2個
カブの葉	少し
しめじ	1/2袋（75g）
しょうが	15g
米油	小さじ2
酒	大さじ1
しょうゆ	小さじ2
カツオ節	4g

つくり方

❶ カブは皮をむいて半分に切り、薄切りにする。カブの葉は小口切りにする。しめじは根元を切り落として小房に分ける。しょうがは千切りにする。

❷ フライパンに米油としょうがを入れて弱火にかけ、香りが立ってきたら、カブとしめじを加えて炒める。

❸ 酒、しょうゆを加えて炒め合わせ、最後にカブの葉とカツオ節をふって混ぜる。

MEMO

カブの皮は刻んだ葉とともに塩をふり、浅漬けで楽しんで。

ピリッと効いたカレー風味が絶妙。レンコンは薄切りにして歯ざわりよく

レンコンのカレー炒め

(材料) 2人分

レンコン ──── 180g
豚薄切り肉 ──── 100g
片栗粉 ──── 大さじ1弱
カレー粉 ──── 小さじ1
マヨネーズ、みりん、
　しょうゆ ──── 各大さじ1
パセリ(みじん切り) ── 適量

(つくり方)

❶ レンコンは皮をむき、薄いいちょう切りにする。豚肉は4〜5cm幅に切って広げ、片栗粉を全体に薄くまぶす。

❷ フライパンに豚肉を広げてマヨネーズを加え、色が変わるまで焼く。すぐにレンコンを加え、レンコンが透きとおってきたらカレー粉をふり入れ、全体にからめる。みりん、しょうゆを加えてざっと炒める。

小松菜と油揚げのさっと煮

材料 2人分

- 小松菜 ─── 1束（200g）
- 油揚げ ─── 1枚
- 水 ─── 大さじ5
- めんつゆ（3倍濃縮） ─── 大さじ2
- 卵 ─── 1個

つくり方

1. 小松菜は5cm長さに切る。油揚げは1cm幅に切る。
2. フライパンに分量の水とめんつゆを入れて中火にかけ、①を加えて煮る。小松菜がくたっとしたら、真ん中に卵を割り入れる。弱火にしてフタをし、白身が白くなるまで2～3分煮る。

こういうなんでもない
おかずこそ、わが家の常連。
とろっとした卵を
からめながら食べます

Part 3　毎日食べたい野菜おかず

ピーマンとパプリカのマヨポン蒸し

食卓に彩りがほしいときに。ハムの塩気がアクセント

ピーマンとさつま揚げのヒジキ炒め

素朴だけど時々無性に食べたくなる味。冷めても美味しいから、お弁当にも

材料 2人分

- ピーマン ── 2個
- 長ヒジキ（乾燥）── 8g
- さつま揚げ ── 1枚
- ゴマ油 ── 小さじ1
- A しょうゆ、酒、みりん ── 各大さじ1

つくり方

❶ ヒジキは水に10分ほどつけて戻し、水気を絞ったら長いものは3cm幅に切る。ピーマンは細切りにする。さつま揚げは3cm長さの薄切りにする。

❷ フライパンにゴマ油を中火で熱し、ヒジキとさつま揚げを炒める。全体に油が回ったら、Aとピーマンを加え、ピーマンがくったりするまで炒め合わせる。

(材料) 2人分

ピーマン ———— 4個
パプリカ（赤、黄合わせて）
———— 1/2個分
ハム ———— 3枚
水 ———— 大さじ1
マヨネーズ、ぽん酢しょうゆ
———— 各大さじ1

(つくり方)

❶ ピーマン、パプリカはそれぞれ1cm幅に切る。ハムも1cm幅に切る。

❷ フライパンを熱してピーマンとパプリカを入れ、分量の水を加えてフタをし、蒸し焼きにする。

❸ ピーマンとパプリカがくったっとしたらハムを加える。マヨネーズ、ぽん酢しょうゆを加えて全体にからめ、コショウをふる。

MEMO
ハムの代わりにウインナーやツナでも。

オクラの米粉焼き

こんがり焼き上がったそばから
つまみたくなる！
お酒にもご飯にも合うオツな味

(材料) 2人分

オクラ ———— 8本
めんつゆ（3倍濃縮）
———— 大さじ1
にんにく（すりおろし）
———— 小さじ1/2
米粉 ———— 大さじ2
米油 ———— 大さじ1〜2

(つくり方)

❶ オクラはこすり合わせるようによく洗い、水気をふき取る。ガクのかたい部分を包丁で削り取り、楊枝で全体を刺して味をしみ込みやすくする。

❷ ボウルにめんつゆとにんにくを入れてよく混ぜ、オクラを加えて15分ほどおく。米粉を加えて全体にからめる。

❸ フライパンに米油を中火で熱し、❷をこんがり色づくまで焼く。

MEMO

米粉をまぶしてあるので、カリッと香ばしく焼き上がる。

えのきのカルボナーラ

パスタが重いと感じるときは、シャキシャキのエノキでアレンジ

材料 2人分

- えのきだけ —— 1袋(100g)
- ベーコン —— 50g

ソース
- 卵黄(L) —— 1個(約20g)
- 塩、コショウ —— 各少し
- 粉チーズ —— 大さじ2
- プレーンヨーグルト（無糖）—— 80g
- オリーブオイル —— 小さじ1/2
- パセリ(みじん切り) —— 適量

つくり方

① えのきは根元を切り落とし、バラバラにほぐす。ベーコンは2cm幅に切る。

② ボウルにソースの材料を入れてよく混ぜておく。

③ フライパンにオリーブオイルを中火で熱し、ベーコンを炒める。ベーコンから脂が出たら、えのきを加えて炒める（写真a）。えのきがしんなりしたら火を止め、すぐに②を加えて混ぜる（好みで30秒ほど火にかけてもよい）。器に盛り、パセリを散らす。

えのきは最初はかなりカサがあるが、炒めるうちにしんなりしてカサが減る。

甘い卵としょっぱい豆苗あえ

材料 2人分

豆苗	2袋
卵(L)	2個
A〔砂糖、マヨネーズ	各大さじ1
塩	ふたつまみ
米油	小さじ1/2
にんにく(すりおろす)	小さじ1
しょうゆ	大さじ1

つくり方

❶ 豆苗は根元を切り落とし、7〜8cm長さに切る。

❷ ボウルに卵を溶きほぐし、Aを加えてよく混ぜる。フライパンに米油を中火で熱して溶き卵を流し入れ、3〜4回大きく混ぜ、ふんわり火が入ったら取り出す。

❸ ❷のフライパンをさっとふき、豆苗をさっと炒める。にんにく、しょうゆを加えて汁気がなくなるまでさっと炒める。❷の卵を戻し入れ、さっとあえる。

MEMO

使い終わった豆苗は日当たりのいい場所に置いて、2回目の出番を待ちます。

ふんわり卵とシャキシャキした豆苗のバランスが絶妙。熱々をご飯にのせても

Part 3　毎日食べたい野菜おかず

火を使わないパパッとおかず

うちのおいもサラダ2種

材料 つくりやすい分量

ジャガイモ ── 4個（400g）
キュウリ ──── 2本
塩 ────── 小さじ1/2
A ┌ マヨネーズ ── 大さじ2
　│ カルピス（原液）
　│ ────── 大さじ1
　│ 好みの酢（りんご酢など）
　│ ────── 小さじ2
　└ 塩、コショウ ── 各少し
マヨネーズ ──── 大さじ4
ブロッコリー
　────── 1/3個（約70g）
しば漬け（細かく刻む）
　──────── 35g
いりゴマ（黒）── 大さじ3

つくり方

❶ キュウリは1cm幅の輪切りにする。ポリ袋に入れて塩をふり、軽くもんで15分ほどおき、水気をぎゅっと絞る。

❷ ブロッコリーは小房に分けて耐熱ボウルに入れ、ふんわりラップをして電子レンジ（600W）で1分加熱する。ラップを外してそのまま冷ます。

❸ ジャガイモは皮をむいて小さく切り、耐熱ボウルに入れる。ふんわりラップをして電子レンジ（600W）で6〜7分加熱する（かたいところがある場合は、様子を見ながら1分ずつ追加で加熱する）。加熱後、ラップをしたまま3分おいて蒸らす。熱いうちにマッシャーなどでつぶし、Aを加えて混ぜ、冷ます。

❹ ❸が完全に冷めたらマヨネーズを加えて混ぜ、2つのボウルに等分に分ける。1つのボウルには❷のブロッコリーとしば漬けを混ぜ、もう1つのボウルには❶のキュウリとゴマを加えて混ぜる。

MEMO
キュウリの水気をしっかりきると、水っぽくならずにおいしく食べられます。

しば漬けブロッコリーと
たっぷり黒ゴマ&キュウリの2種。
隠し味にカルピスを加えた
まろやかな味のポテサラです

ひらひらキュウリと
しょうがのサラダ

材料　2人分

- キュウリ ———— 2本
- しょうが ———— 20g
- トマト ———— 1個
- A
  - 酢、いりゴマ（白） ———— 各大さじ1
  - しょうゆ ———— 小さじ2
  - ゴマ油 ———— 小さじ1

つくり方

1. キュウリは半分の長さにしてからスライサーで薄切りにする。しょうがは皮をむき、スライサーで薄く切ってから細い千切りにする。トマトは薄い輪切りにする。
2. ボウルにAを入れてよく混ぜ、①のキュウリとしょうがを加えてよく混ぜる。
3. 器に①のトマトを並べ、その上に②を盛りつける。

リボン状にしたキュウリが存在感大！しょうがの香りでメリハリを効かせます

ブロッコリーは
レンチンで歯ざわりよく!
コクのある白あえ衣で
優しく包み込みます

ブロッコリーの白あえ

材料 2人分

ブロッコリー ─── 1/2個(100g)
豆腐(絹ごし) ─── 100g
A ┌ すりゴマ ─── 大さじ1
　├ しょうゆ、きび砂糖
　│ ─── 各小さじ1
　└ 塩 ─── 少し

つくり方

❶ ブロッコリーは小房に分け、耐熱ボウルに入れる。ふんわりラップをして電子レンジ(600W)で2分加熱し、ラップを外してそのまま冷ます。

❷ 豆腐はペーパータオルで包んでさっと水気をきり、ザルでこす。

❸ ボウルにAを入れてよく混ぜ、❷を加えて混ぜ合わせる。ブロッコリーを加えてあえる。

あると便利な常備菜

シャキシャキ小松菜ナムル

野菜ひとつでも味わい深くて風味豊か。
ホウレンソウや春菊でも

磯の香りが
淡白なモヤシの引き立て役。
こちらはふっくら仕上げに

モヤシののりナムル

材料 つくりやすい分量

モヤシ ── 2袋
A ┌ 黒酢 ── 大さじ1
　├ しょうゆ ── 小さじ2
　└ 塩、ゴマ油 ── 各小さじ1/2
焼きのり（全形）── 1/4枚

つくり方

❶ 鍋にモヤシを入れてかぶるくらいの水を注ぎ、強火にかける。沸騰したら火からおろし、ザルに上げて冷ます。粗熱が取れたら軽く水気を絞る。

❷ ボウルにAを入れてよく混ぜ、モヤシを加えてあえる。焼きのりをちぎって加え、ざっと混ぜる。

（材料）つくりやすい分量

小松菜 ──── 1束（200g）
A ┌ しょうゆ、いりゴマ（白）
　│　──── 各大さじ1
　│ ゴマ油 ──── 小さじ2
　│ 顆粒鶏ガラスープの素、
　│　にんにく（すりおろす）
　└　──── 各小さじ1

（つくり方）

❶ 小松菜は葉と茎に分ける。鍋に湯を沸かし、小松菜の茎の方を先に入れ、色鮮やかになったら葉を加えて1分ほどゆでる。

❷ すぐに水にさらして水気をぎゅっと絞り、食べやすい長さに切る。ボウルにAを入れてよく混ぜ、小松菜を加えてあえる。

モヤシの
ピリ辛ちりちりナムル

（材料）つくりやすい分量

モヤシ ──── 2袋
A ┌ しょうゆ ──── 大さじ1
　│ 豆板醤 ──── 小さじ1〜2
　│ ゴマ油、顆粒鶏ガラスー
　│　プの素 ── 各小さじ1
　│ にんにく（すりおろす）
　└　──── 小さじ1/2

（つくり方）

❶ 鍋にモヤシを入れてかぶるくらいの水を注ぎ、強火にかける。沸騰したら火からおろし、ザルに上げて冷ます。粗熱が取れたら水気をしっかりと絞る。

❷ ボウルにAを入れてよく混ぜ、モヤシを加えてあえる。

モヤシの水気を絞りきると、ちりちりになるのが名前の由来

Part 3　毎日食べたい野菜おかず

あると便利な常備菜

長イモとキュウリの漬け物

めんつゆで手軽にできる
即席漬け。
2つの食感で食べ飽きません

材料 つくりやすい分量

キュウリ ───── 4本
塩 ───── 小さじ1
赤唐辛子（好みで）
　　　───── 1〜2本
長イモ ───── 250g
めんつゆ（3倍濃縮）
　　　───── 大さじ4

つくり方

❶ キュウリは塩をよくすり込み、長さを3等分してから縦に4等分に切る。ポリ袋に入れ、30分ほどおく。出てきた水気を袋の上からぎゅっと絞る。赤唐辛子は種を除いて輪切りにする。

❷ 長イモは皮をむき、キュウリと同じくらいの長さに切り、1cm角の棒状に切る。

❸ キュウリと長イモを保存容器に入れてめんつゆをかけ、好みで赤唐辛子を加えてよく混ぜ、冷蔵庫で冷やす（途中で全体を混ぜるとまんべんなく味が入る）。

ぽりぽり大根のしょうゆ漬け

箸休めにちょうどいい
さっぱり感。
うちの冷蔵庫の
常連です

キュウリの辛子漬け

大ぶりのこのサイズが
美味しさの秘訣。
ツンとした辛味がたまりません！

材料 つくりやすい分量

キュウリ ——— 4本
A ┌ きび砂糖 ——— 大さじ1と1/2
　├ 粉辛子 ——— 小さじ2
　└ 塩 ——— 小さじ1と1/2

つくり方

❶ キュウリは長さを3等分に切る。

❷ 保存袋に❶とAを入れ、袋の上からよくもみ、冷蔵庫に入れる。3時間くらいたったら食べられるが、時間があれば一晩おくとさらに美味しくなる。

MEMO

保存袋に平らに入れると調味料がよく回るのでおすすめ。ペットボトルなどで重しをすると、よく漬かります。つくった日から3日くらいで食べきってください。

材料 つくりやすい分量

大根 ——— 400g
A ┌ しょうゆ ——— 1/4カップ
　├ 酒 ——— 大さじ1と1/3
　└ 酢 ——— 大さじ1

つくり方

❶ 大根は6cm長さに切って皮をむき、8mm角の棒状に切る（食感を出すため、繊維に沿って切る）。

❷ 保存容器などに入れてAを加え、冷蔵庫で保存する。半日くらいで食べられるが、時間があれば一晩おくとさらに美味しくなる（途中で上下を返して混ぜ、全体に味をなじませる）。

MEMO

酢は酸味がまろやかな米酢がおすすめ。酒のアルコールが気になる場合は、30秒ほど加熱して煮切ってから使ってください。

きのこのきんぴら

材料 つくりやすい分量

- しいたけ —— 4個(100g)
- しめじ —— 1袋(150g)
- しょうが —— 30g
- 赤唐辛子 —— 1/2本
- ゴマ油 —— 小さじ2
- A
  - しょうゆ、酒 —— 各大さじ1
  - きび砂糖、みりん —— 各小さじ1

つくり方

1. しいたけは軸を除いて薄切りにし、しめじは根元を切り落として小房に分ける。しょうがは千切りにする。赤唐辛子は種を除き、小口切りにする。

2. フライパンにゴマ油を中火で熱し、しょうがを炒める。香りが立ったら、しいたけ、しめじを炒める。しいたけに焼き色がついたら、Aを加えてさっと炒め、赤唐辛子を加える。

MEMO

きのこは炒め始めはあまり動かさず、じっくり焼き色をつけて。これで香ばしさがぐっとアップします。

しょうが風味の甘辛味が絶品！きのこは好みのものを2～3種組み合わせて

いつものきんぴらに飽きたらカレー粉で味変。ソーセージでボリュームをプラスして

ゴボウの変わりきんぴら

材料 2人分

- ゴボウ ── 2/3本（100g）
- ウインナー ──── 4本
- 米油 ──────── 小さじ1
- しょうゆ ───── 大さじ1/2
- 酒 ───────── 大さじ1
- カレー粉 ───── 小さじ1/2

つくり方

❶ ゴボウは5mm厚さの斜め切りにし、水に5分ほどさらす。ウインナーは斜め薄切りにする。

❷ フライパンに米油を中火で熱してゴボウを炒め、火がとおったらウインナーを加えて炒め合わせる。しょうゆ、酒を加え、弱火で汁気を飛ばすように炒める。

❸ 火を止めてカレー粉をふり入れ、ざっと混ぜ合わせる。

Part 3　毎日食べたい野菜おかず

ちょっとぜいたく＆おもてなしレシピ

濃厚でクリーミーなキッシュ

材料

24×10cmのタルト型または直径18cmのタルト型1台分

生地
- 冷凍パイシート
  （11×18cm）——— 2枚
- 溶き卵 ——— 小さじ1
  （フィリングで使う卵から取り分ける）
- タマネギ ——— 1/4個（50g）
- ウインナー ——— 3本
- ホウレンソウ ——— 1/2束（50g）
- しめじ ——— 1/5袋（30g）
- オリーブオイル ——— 小さじ1
- 塩、コショウ ——— 各少し

フィリング
- 卵（L）——— 1個
- 生クリーム（35%）——— 100g
- 粉チーズ ——— 大さじ1と1/2
- 塩 ——— 小さじ1
- コショウ ——— 少し
- ミニトマト（半分に切る）——— 4個
- ピザ用チーズ ——— 30g

準備しておくこと

・パイシートは冷凍庫から出して半解凍にする。
・タルト型にバター（分量外）を塗っておく。

つくり方

❶ 生地をつくる。パイシートは真ん中に薄く溶き卵を塗り、1.5cmずつ重なるよう2枚並べる。麺棒で横にのばし、18×29cmにする。丸いタルト型を使う場合は正方形になるようにのばす。オーブンを190℃に予熱する。

❷ 型の上にパイシートを少したるませるように置き、型の内側に指で押しつけながら敷き込む。型の上から麺棒を転がし（写真 a ）、はみ出た生地を切り取る。切り取ったパイシートは型の縁に指で押しつけ、均等にくっつける（写真 b ）。

❸ パイシートの上にクッキングシートを敷いてタルトストーン*をのせ、予熱したオーブンで15分焼く。焼き上がったらオーブンから出し、クッキングシートごとタルトストーンを外す。

❹ タマネギは薄切りにし、ウインナーは1cm幅の輪切り、ホウレンソウは3cm長さに切る。しめじは根元を切り落とし、小房に分ける。

❺ フライパンにオリーブオイルを中火で熱し、タマネギ、ウインナー、しめじ、ホウレンソウの順に炒め、塩、コショウをふる。オーブンを再び190℃に予熱する。

❻ フィリングをつくる。ボウルに卵を溶きほぐし、生クリーム、粉チーズ、塩、コショウを加えてよく混ぜる。❸に❺とミニトマトを並べ入れ、上からフィリングをそっと注ぎ入れる（写真 c ）。ピザ用チーズを散らし、予熱したオーブンで16分焼く。

*ふくらみを抑えるためのパイ用の重石。ない場合は、焼き上がった後に、スプーンなどで押してふくらみを抑える。

POINT

a 型の上から麺棒を転がすと、手早く均一に余分な生地を切り取ることができる。

b ラップの上から生地を押しつけると、手がべたべたしない。

c 具材が動かないように、静かに少しずつフィリングを注ぎ入れる。

時間や気持ちに余裕のあるときは、
ちょっと腕をふるって
リッチなメニューを。
切り口も華やかで
みんなに喜ばれます

Part 3　毎日食べたい野菜おかず

野菜スティック

（材料）つくりやすい分量

大根	180g
ニンジン	2/3本(100g)
キュウリ	1本
塩	小さじ1
A ┌ 酢	大さじ4
│ 水	大さじ2
│ きび砂糖	大さじ1
└ 塩	小さじ1

（つくり方）

❶ 大根、ニンジンは皮をむき、それぞれ6㎝長さ、1.5㎝角の棒状に切る。キュウリは長さを3等分にし、縦に2〜4等分に切る。すべてポリ袋に入れて塩をふり、30分ほどおいて水気を絞る。

❷ 保存袋に❶を入れ、混ぜ合わせたAを注ぎ入れる。半日くらいたったら食べられるが、時間があれば一晩おくとさらに美味しくなる。

> ごちそうの合間にちょっとつまめる一品。きれいにそろえて切るだけでさまになります

合いびき肉のレタス包み

材料 つくりやすい分量

合いびき肉 ──── 200g
A ┌ にんにく(すりおろす)
  │ ──────── 小さじ1
  │ しょうが(すりおろす)
  │ ──────── 小さじ1
  │ 酒、しょうゆ、豆板醤、す
  │ りゴマ(白)
  │ ──────── 各大さじ2
  │ きび砂糖 ──── 小さじ1
  │ ゴマ油 ──── 小さじ1
  └ 長ネギ(みじん切り)
    ──────── 大さじ3
ニンジン、キュウリ、レタス、
温かいご飯 ──── 各適量

つくり方

❶ ボウルにAをすべて入れ、よく混ぜる。

❷ フライパンにゴマ油を中火で熱し、長ネギを香りが出るまで炒める。ひき肉を加えて強火にし、肉の色が変わったら、Aを加えてざっと炒め、器に盛る。

❸ ニンジンとキュウリは細切りにする。レタスは水にさらしてパリッとさせ、食べやすくちぎる。それぞれ器に盛り、ご飯とともに②に添える。レタスにご飯、そぼろ、千切り野菜を包んで食べる。

繰り返しつくっているうちの定番そぼろ。野菜やご飯と一緒にレタスで包んでどうぞ

Part 3　毎日食べたい野菜おかず　087

ジャガイモのガレット

ジャガイモの甘味と香ばしさがごちそう！
ケーキのように切り分けて

材料 つくりやすい分量

- ジャガイモ —— 2個（200g）
- タマネギ —— 1/2個（100g）
- 卵（L） —— 1個
- A
  - 片栗粉 —— 大さじ2と1/2
  - 塩 —— 小さじ1
  - コショウ —— 少し
- オリーブオイル —— 大さじ1

つくり方

① ジャガイモは皮をむいて細切りにする。タマネギは薄切りにする。ともに耐熱ボウルに入れてふんわりラップをし、電子レンジ（600W）で2分30秒加熱する。

② 別のボウルに卵を溶きほぐし、Aを加えて混ぜる。①を加え、優しく混ぜる。

③ フライパンにオリーブオイルを弱めの中火で熱し、②を流し入れる。こんがり焼けたら皿などをかぶせて上下を返し、反対側も同様に焼く。好みでトマトケチャップを添えてもおいしい。

―― Part 4 ――

いつもあるものでお助けおかず

豆腐、納豆、ちくわにはんぺんなどは、
目立たないけれど、冷蔵庫にあると「ラッキー！」な素材。
これさえあれば、あと1品がパパッとつくれます。
忙しくて買い物に行けない日は、ヒジキや
切り干し大根などの乾物が助けになります。

大豆製品を味方につけて

豆腐しゅうまい

(材料) 2人分

豆腐(木綿) ——— 150g
春雨(乾燥) ——— 10g
レタス ——— 3枚
A ┌ 豚ひき肉 ——— 50g
　│ 細ネギ(小口切り)
　│ ——— 大さじ2
　│ しょうが(すりおろす)
　│ ——— 小さじ1
　│ ゴマ油 ——— 大さじ1/4
　└ 塩 ——— 小さじ1/2
片栗粉 ——— 大さじ1〜2
辛子、しょうゆ、ポン酢しょうゆ ——— 各適宜

(つくり方)

❶ 春雨は湯につけて戻したら水気をきり、1cm長さに切る。豆腐はペーパータオルで包んで電子レンジ(600W)で1分加熱し、ペーパーを取り替えて再度包み、水気をきる。レタスは1cm幅の細切りにする。

❷ ボウルに豆腐とA、春雨を入れてよく混ぜ(写真 a)、8等分にして丸める。

❸ バットに片栗粉を広げ、❷を入れてまぶし、全体に❶のレタスをまぶしつける(写真 b)。耐熱皿に並べてふんわりラップをし、電子レンジ(600W)で3分加熱する。レタスを整えながら器に盛る。好みで、辛子じょうゆやポン酢しょうゆを添える。

POINT

a
ひき肉より豆腐が多い肉ダネなので軽やかな食感になる。

b
しゅうまいの皮の代わりにレタスをまぶしつけて食感をプラス。

ふわふわの肉ダネに
レタスをまぶしてレンチン♪
あっさり食べやすいのが魅力です

Part 4　いつもあるものでお助けおかず　　091

豆腐とカニかま、白菜のサラダ

家にあるもので
つくってみたら大成功!
おかかの風味でコクをアップ

(材料) 2人分

豆腐(木綿) ──── 100g
カニ風味かまぼこ ── 40g
白菜(葉の部分) ── 30g
A ┌ マヨネーズ ──── 大さじ1
  │ ポン酢しょうゆ
  │ ──────── 小さじ1
  └ カツオ節 ───── 3g

(つくり方)

❶ 豆腐はペーパータオルで包んで軽く水きりし、手でくずす。白菜は食べやすい大きさに切る。カニ風味かまぼこはほぐす。

❷ ボウルにAを混ぜ合わせ、豆腐、カニ風味かまぼこ、白菜を加えてあえる。

豆腐のニラ肉みそ

(材料) 2人分

豆腐 ────────── 150g
ニラ ──────── 1/3束(30g)
ゴマ油 ──────── 小さじ1/2
豚ひき肉 ────────── 50g
にんにく(すりおろす)
　　　　　　　　 小さじ1/2
A ┌ しょうゆ、酒
  │ ────────── 各小さじ2
  └ みそ ──────── 小さじ1

(つくり方)

❶ 豆腐は軽く水気をきる。ニラは2cm長さに切る。

❷ フライパンにゴマ油を中火で熱し、にんにくとひき肉を入れて炒める。肉の色が変わったらAを加えて炒め、すぐにニラを加えて炒め合わせる。

❸ 器に豆腐を盛り、❷をかける。

あんかけ焼き豆腐のおろしのせ

揚げだし豆腐をぐっと手軽に。お酒にもよく合います

材料　2人分

- 豆腐（木綿） —— 150g
- ゴマ油 —— 小さじ1
- A
  - 水 —— 大さじ2
  - めんつゆ（3倍濃縮） —— 大さじ1と1/2
  - 片栗粉 —— 小さじ1/2
- 大根おろし —— 60g
- ユズの皮 —— 少し

つくり方

❶ 豆腐は4等分に切り、ペーパータオルに包んで水きりする。フライパンにゴマ油を中火で熱し、豆腐の両面を焼いて軽く焼き色をつける。

❷ 鍋にAを入れて弱火にかけ、鍋を回しながらとろみがつくまで加熱する。

❸ 器に①を盛り、大根おろしをのせて②をかけ、ユズの皮を散らす。

香りのよいそぼろで豆腐の美味しさを格上げ。豆腐は温でも冷でも！

毎日でも食べたい納豆。野菜と合わせると立派なおかずに

小松菜えのき納豆

（材料）2人分

- 小松菜 ── 1/2束(100g)
- えのきだけ ── 1/2袋(50g)
- 納豆 ── 1パック
- マヨネーズ ── 大さじ1
- しょうゆ ── 小さじ1
- カツオ節 ── 適量

（つくり方）

❶ 小松菜とえのきだけはさっとゆで、冷水に取る。それぞれ水気を絞り、3cm長さに切る。

❷ ボウルに納豆、マヨネーズ、しょうゆを入れて混ぜ、❶を加えてあえる。器に盛り、カツオ節をのせる。

納豆スパサラ

(材料) 2人分

- スパゲッティ(早ゆでタイプ) ―― 50g
- 納豆 ―― 2パック
- 青ジソ ―― 4枚
- カニ風味かまぼこ ―― 6本
- マヨネーズ ―― 大さじ1〜2
- ポン酢しょうゆ ―― 大さじ1
- ゴマ油 ―― 小さじ1
- 刻みのり ―― 適量

(つくり方)

❶ 青ジソは千切りにする。カニ風味かまぼこは食べやすくほぐす。

❷ 鍋に湯を沸かし、スパゲッティを袋の表示どおりにゆでる。ザルに上げて冷水で冷やし、水気をしっかりきる。

❸ ボウルにスパゲッティ以外の材料をすべて入れ、混ぜ合わせる。スパゲッティを加えてあえる。器に盛り、刻みのりをのせる。

ねばねば感とマヨ味が抜群のコンビネーション!

甘じょっぱい
味しみお揚げの中に
野菜をたっぷりつめて

ころころ野菜の茶巾煮

材料　2人分

- 油揚げ ———— 2枚
- 大根 ———— 100g
- ニンジン ———— 1/3本(50g)
- 水 ———— 大さじ1
- A ┌ 水 ———— 大さじ6
　　└ めんつゆ(3倍濃縮) ———— 大さじ2

つくり方

❶ 大根、ニンジンはそれぞれ皮をむき、1cm角に切る。耐熱ボウルに入れて分量の水を加え、ふんわりラップをし、電子レンジ(600W)で2分加熱する。ラップをしたまま、5分おく。

❷ 油揚げは半分に切って袋状に開き、❶の大根とニンジンを均等につめ、楊枝で口をとじる。

❸ 鍋に❷を入れ、Aを加えて中火にかける。煮立ったらクッキングシートで落としブタをし、弱火で汁気がなくなるまで煮る。

油揚げのしらすチーズ

（材料）2人分

油揚げ	2枚
青ジソ	4枚
しらす	40g
しょうゆ	少し
ピザ用チーズ	50g
オリーブオイル	小さじ2

（つくり方）

❶ 油揚げは半分に切る。青ジソは千切りにする。

❷ オーブントースターにアルミ箔を敷いて油揚げをのせ、その上にしらすを散らし、しょうゆをたらす。ピザ用チーズを散らし、チーズが溶けるまで焼く。

❸ 焼き上がったらオリーブオイルを回しかけ、器に盛って青ジソをのせる。

トースターでパパッとつくれるのに、大満足のおいしさ！

常備してある乾物で

揚げ高野豆腐の ヒジキ煮

(材料) 2人分

高野豆腐(乾燥時5×7cmほどの長方形) —— 3枚
ヒジキ(乾燥) —— 7〜8g(戻して60g)
ニンジン —— 1/5本(30g)
揚げ油 —— 適量
水 —— 3/4カップ
めんつゆ(3倍濃縮) —— 大さじ3

(つくり方)

❶ ヒジキは水につけて戻し、水気をきる。ニンジンは千切りにする。

❷ 高野豆腐は水につけて戻し、水気をぎゅっと絞り、3cm角に切る。揚げ油を170℃に熱して高野豆腐を素揚げし、ペーパータオルの上で油をきる。

❸ 鍋に分量の水とめんつゆを入れ、❶を加えて弱めの中火にかける。3分ほど煮たら❷を加え、煮汁がなくなるまで弱火で煮る。フタをしてそのまま冷まし、味をしみ込ませる。

子どもたちが好きだった揚げ高野豆腐。時々思い出してつくります

乾物をサラダ感覚で食べる
新鮮な漬物。
歯ざわりのよさを楽しんで

切り干し大根とキュウリの
さっぱり漬け

材料 つくりやすい分量

キュウリ ── 4本
塩 ── 小さじ1
切り干し大根 ── 50g
A ┌ 酢 ── 大さじ4
　├ みりん ── 大さじ1と1/2
　├ しょうゆ ── 大さじ1
　└ 顆粒鶏ガラスープの素
　　 ── 小さじ1

つくり方

❶ キュウリは塩をふってから板ずりし、乱切りにする。ポリ袋に入れて軽くもみ、重しをして30分ほどおく。

❷ 切り干し大根はたっぷりの水に20分ほどつけて戻し、水気を絞る。鍋にAを入れて沸騰させ、火からおろす。

❸ ❶のキュウリから出た水分を袋の中でぎゅっと絞って水気をきり、ボウルに入れ、切り干し大根とAを加えてよく混ぜる。2～3時間おくと食べられ、冷蔵庫で3日ほど保存できる。

Part 4　いつもあるものでお助けおかず　099

ちくわ&はんぺんで大満足

スピードおつまみの
決定版！
カレー粉多めが
わが家の好み

ちくわ焼きとり

ひと手間かけて
串に刺すとお店のよう！
仕上げにユズを
きゅっと絞って

材料　2人分

ちくわ（太いもの）——2本
マヨネーズ ——大さじ1
A ┃ しょうゆ、みりん
　 ┃　　　——各大さじ1
　 ┃ 酒、きび砂糖
　 ┃　　　——各大さじ1/2
七味唐辛子、ユズ（くし切り）
　　　　——各適量

つくり方

❶ ちくわは1cm幅の輪切りにし、串に刺す。

❷ フライパンにマヨネーズを入れて中火で熱し、ちくわを入れる。両面に焼き色がつくまで炒めたら、一度取り出す。

❸ ❷のフライパンにAを入れ、少し煮詰まって泡が出てきたら、ちくわを戻し入れ、フライパンをゆすりながらからめる。器に盛り、七味唐辛子をふってすだちを添える。

ちくわのころころカレーチーズ

（材料）2人分

- ちくわ（太いもの） ── 3本
- オリーブオイル ── 小さじ1
- しょうゆ ── 小さじ1/2
- カレー粉 ── 小さじ1/2
- 粉チーズ ── 大さじ1

（つくり方）

① ちくわは1.5cm幅に切り、オリーブオイルをひいたフライパンで軽く炒める。しょうゆを加えてさっと炒め、火を止める。

② カレー粉、粉チーズを加えて混ぜ合わせる。

黄金のマヨチーちくわ

ちくわをピカタ風に。マヨ入り衣でふんわり

（材料）2人分

- ちくわ ── 3本
- 小麦粉 ── 小さじ2
- 卵（L） ── 1個
- A ┬ マヨネーズ、粉チーズ ── 各大さじ1
  └ 塩 ── 小さじ1/2
- 米油 ── 小さじ1

（つくり方）

① ちくわは長さを半分に切り、小麦粉を全体にまんべんなくまぶす。

② ボウルに卵を溶きほぐし、Aを加えてよく混ぜ、衣をつくる。

③ フライパンに米油を弱火で熱し、①のちくわを②にくぐらせて焼く。上下を返しながら焼き、衣に火がとおったら、ボウルに残った衣を再びつけて焼く。衣がなくなるまで繰り返す。

Part 4　いつもあるものでお助けおかず

至福のさくっ&
ふわっと食感！
ソースをたっぷりかけて

はんぺんソースカツ

材料 2人分

はんぺん ——— 1枚
溶けるチーズ ——— 1枚
A 小麦粉、水 — 各大さじ2
パン粉、揚げ油 — 各適量
B ┌ 中濃ソース ——— 大さじ2
  │ トマトケチャップ
  │ ——— 大さじ1
  │ きび砂糖、しょうゆ
  └ ——— 各小さじ1

つくり方

❶ はんぺんは1辺に切り目を入れてチーズをはさむ。切った所からはみ出さないように押し込んでおく。

❷ Aを混ぜて❶のはんぺんの全面に塗りつけ、パン粉をまぶす。

❸ 小さめのフライパンに揚げ油を1cm深さまで入れて中火で熱し、❷を揚げ焼きにする。両面がこんがり色づいたら、ペーパータオルの上で油をきる。食べやすく切って器に盛り、Bを混ぜ合わせたソースをたっぷりかける。

ちくわのちぎり青ジソ天

揚げたてをパクリが最高！
のりや万能ネギと合わせても美味しい

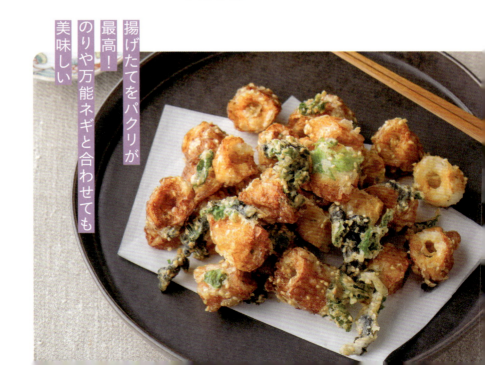

はんぺんネギみそチーズ焼き

材料 2人分

- はんぺん ──── 1枚
- 万能ネギ(小口切り)
  ──── 大さじ1
- A ┌ みそ ──── 大さじ1
　　│ マヨネーズ、酒
　　└ ──── 各小さじ1
- ピザ用チーズ ──── 20g

つくり方

❶ 万能ネギとAを混ぜ合わせておく。

❷ はんぺんは半分に切って❶を塗り、ピザ用チーズを散らす。オーブントースターでこんがり焼く。

のせて焼くだけの手軽さ！香ばしい風味が広がります

材料 2人分

- ちくわ ──── 5本
- 青ジソ ──── 4枚
- 焼きのり(全形) ──── 1枚
- 米粉 ──── 35g〜
  (片栗粉でもよい。その場合は水を同量加える)
- 水 ──── 45g〜
- A ┌ マヨネーズ ──── 大さじ1
　　│ いりゴマ(白) ──── 大さじ1
　　└ 塩 ──── 少し
- 揚げ油 ──── 適量

つくり方

❶ ちくわは1cm幅に切る。

❷ ボウルに米粉を入れ、分量の水を加えて混ぜる。

❸ Aを加え、ちくわ、ちぎった青ジソと焼きのりを加え、よく混ぜる。180℃に熱した揚げ油でカラリと揚げる。

MEMO

米粉はメーカーによって吸水率が異なるので、水は一度に加えず、少しずつ様子を見ながら加える。このレシピでは、波里の「サクッ！と仕上がるお米の粉」を使用しています。

Column 3
My family's egg recipe

うちで人気の卵レシピ

にわとりと暮らしはじめてから、新鮮な卵が手に入るように。おかげで新たな卵メニューを考えるのが楽しくなりました。

ネギと小梅の卵焼き

材料とつくり方(2人分)

❶ **万能ネギ20g**は小口切りにし、**小梅3粒**は種を除いて刻む。

❷ ボウルに**卵(L)3個**を溶きほぐし、**砂糖大さじ1と1/2**、**しょうゆ小さじ1と1/2**、**マヨネーズ小さじ1と1/2**を加えてよく混ぜる。①も加えてざっと混ぜる。

❸ 卵焼き器に薄く米油をひいて中火で熱し、②を小さなお玉1杯分ほど流し入れ、奥から手前に箸で巻く。卵焼き器の奥に寄せて再度米油を薄くひき、同様に卵液を流し入れて焼く。卵液がなくなるまで繰り返す。

明太ぺったんこ卵焼き

材料とつくり方(1人分)

❶ **明太子(ほぐしたもの)大さじ1**と**マヨネーズ小さじ1**を混ぜておく。

❷ フライパンに**米油小さじ1/2**を中火で熱し、**卵(L)1個の白身**だけを流し入れる。フライパンを回しながら、全体に薄く広げる。

❸ 白身の端がちりちりしてきたら、真ん中に**卵黄**をのせ、箸でつついて卵黄をくずす。手前に①を塗り、**焼きのり(全形)1/4枚**をちぎって全体にふりかけ、2つ折りにする。

わが家の大事な家族

地方に越してきてから、にわとりを2羽(メス)飼っています。有精卵からかえしたので、彼女たちにとっては私たちが親のようなもの。毎日私か夫の足元にくっついて、近所を散歩するのが日課です。2〜3日に1回くらい卵も産んでくれるので、ありがたくいただいています。

マイペースなきなこ(左)とパワフルなレモン(右)。性格も体格も全然違います。

—— Part 5 ——

リクエストが多いご飯・麺

普段の食事は、野菜中心のあっさり派ですが、
ときには「あれ食べたい!」とどちらかが言い出して
食べごたえのある主食をつくることも。
カレーやチャーハン、パスタやうどんなど、
わが家の人気メニューを紹介します。

ご飯

絶品キーマカレー

わが家のキーマカレーは、ひき肉より野菜が多め。素材のうま味がぎゅっとつまった濃厚なおいしさです

材料 つくりやすい分量

- 好みのひき肉（牛、豚、合いびき肉など） ── 200g
- タマネギ ── 1/2個（100g）
- ニンジン ── 1/2本（75g）
- ピーマン ── 3個
- にんにく ── 1かけ
- 米油 ── 少し
- カレー粉 ── 大さじ2
- A ┌ トマトケチャップ ── 大さじ2
　　├ 中濃ソース ── 大さじ1
　　└ 顆粒和風だしの素 ── 小さじ2
- 塩、コショウ ── 各少し
- みそ ── 小さじ2
- 温かいご飯 ── 適量

つくり方

❶ タマネギ、ニンジン、ピーマン、にんにくはすべてみじん切りにする。

❷ フライパンに米油を中火で熱し、タマネギ、ニンジンを炒める。タマネギが透きとおったらピーマン、ひき肉を加えて炒める。肉の色が変わったら、にんにく、カレー粉を加えて炒める。

❸ Aを加えて炒め、塩、コショウをふる。水大さじ1で溶いたみそを加え、汁気を飛ばすようにさっと炒める。最後に味をみて足りなければ塩少しを加えてととのえる。器に盛ったご飯にかける。

MEMO

冷蔵庫で3日は保存できます。それ以上保存する場合は小分けにして保存袋に平らに入れ、冷凍庫へ。約1か月保存可能。

卵のパラパラチャーハン

材料 2人分

- 卵(L) ── 2個
- 長ネギ(みじん切り) ── 大さじ2
- 温かいご飯 ── 200g
- A
  - にんにく(すりおろす) ── 小さじ1
  - 塩 ── 小さじ1/2
  - コショウ ── 少し
- 米油 ── 大さじ2
- しょうゆ ── 小さじ2

つくり方

① ボウルに卵を溶きほぐす。ご飯にAを混ぜておく。

② フライパンに米油を強火で熱し、溶き卵を流し入れて大きく混ぜる。すぐに①のご飯を加えてほぐしながら炒める。

③ 長ネギを加えて炒め、フライパンの鍋肌からしょうゆを回し入れて全体を炒め合わせる。

ご飯の下ごしらえがパラパラの秘訣。具は潔くシンプルに

手でくるりんぱのキンパ

(材料) つくりやすい分量

ゆでホウレンソウ
- ホウレンソウ ── 1/3束
- 塩 ── 少し

錦糸卵
- 卵(L) ── 1個
- 塩 ── 少し
- 片栗粉 ── 小さじ1/2
- 水 ── 小さじ1
- 米油 ── 小さじ1/2

きんぴらゴボウ
- ゴボウ ── 1/5本(30g)
- 米油 ── 小さじ1
- 水 ── 大さじ4
- しょうゆ、きび砂糖 ── 各小さじ2

ニンジンの塩炒め
- ニンジン ── 1/2本(75g)
- 塩 ── 小さじ1
- 米油 ── 小さじ1/2

ご飯
- 温かいご飯 ── 300g
- ゴマ油 ── 小さじ1
- 塩 ── 小さじ1/3

焼きのり(全形) ── 2枚
ゴマ油、いりゴマ(白) ── 各適量

(つくり方)

具材を用意する

❶ ホウレンソウはゆで、水気をぎゅっと絞り、塩で味つけする。

❷ 錦糸卵をつくる。ボウルに卵を溶きほぐし、塩、混ぜ合わせた片栗粉と水を加えて混ぜる。フライパンに米油を中火で熱し、卵液を流し入れ、フライパンを回しながら広げて焼く。縁が焼けてはがれてきたら、裏返して火を止める。まな板の上に移して冷まし、半分に切って重ね、細く切る。

❸ きんぴらゴボウをつくる。ゴボウはささがきにし、水に5分ほどさらし、水気をきる。鍋に米油を中火で熱し、ゴボウをさっと炒め、水、しょうゆ、きび砂糖を加えて汁気がなくなるまで炒め煮にする。

❹ ニンジンの塩炒めをつくる。ニンジンは皮をむいて千切りにし、塩をふってしんなりしたら、水気を絞る。米油を熱した鍋に入れ、弱火で10分ほど炒める。

ご飯を用意して巻く

❺ ボウルにご飯を入れ、ゴマ油と塩を加えて混ぜる。

❻ まな板の上に焼きのり1枚を置き、ご飯の半量をのせて広げる。巻き終わりは1cmほど開けておく。

❼ ❻の手前を2cmほど開け、真ん中まで①〜④の具材を順に並べる。巻き終わりの1cmほど開けておいたところに、ご飯粒少しをつぶしながらつける。

❽ 両手で手前をぎゅっと持ち、一度押しつけるようにし(写真 a)、具材をつぶさない程度の力で巻く。もう1本も同様に巻く。巻き終わりを下にして並べ、刷毛でゴマ油を塗り(写真 b)、ゴマをふる。食べやすく切り分けて器に盛る。

POINT

巻き始めにご飯をのりに押しつけると、形が固定され、きれいに巻くことができる。

ゴマ油を塗ると香りがよく、韓国のりのような味になる。

うちのキンパは野菜オンリー。巻きすがなくてもきれいに巻けます

Part 5 リクエストが多いご飯・麺　　109

クリームチーズで
まろやかなコクうま味に

クリームチーズと塩昆布のおにぎり

材料 小さめ3個分

温かいご飯	200g
塩昆布	大さじ1
いりゴマ(白)	大さじ1
粉カツオ	小さじ2
しょうゆ	少し
クリームチーズ	30g

つくり方

❶ ボウルにご飯、塩昆布、ゴマ、粉カツオ、しょうゆを加えてよく混ぜる。

❷ クリームチーズを手でちぎって加え、ざっと混ぜる。3等分して、ふんわりにぎる。

スタミナ丼

豚バラ、ニラ、にんにくでパワーをチャージ。午後から「さぁ、もうひと仕事」というときのお昼に

しょうゆにんにくそぼろ飯

豚こまを包丁でたたいて
食べごたえのある
ジューシーなそぼろに

材料 つくりやすい分量

- 豚こま切れ肉 ── 250g
- 米油 ── 小さじ1/2
- にんにく（みじん切り） ── 大さじ1
- 塩、コショウ ── 各少し
- しょうゆ ── 大さじ2強
- 温かいご飯、韓国のり、いりゴマ（白）、青ジソ（千切り） ── 各適量

つくり方

① 豚肉は細かく切って包丁で粗くたたく。

② フライパンに米油とにんにくを入れて弱火にかけ、うっすら色づいて、香りが立つまで炒める。

③ 豚肉を加えて色が変わるまで炒めたら、塩、コショウをふり、肉に少し焼き色がつくまで炒める。鍋肌からしょうゆを回し入れ、さっと炒める。器にご飯を盛り、ちぎった韓国のり、そぼろ、ゴマ、青ジソをのせる。

材料 2人分

- 豚バラ薄切り肉 ── 150g
- ニラ ── 2/3束（約70g）
- A ┌ にんにく（すりおろし）、酒、片栗粉 ── 各小さじ1
  └ しょうゆ ── 小さじ1/2
- ゴマ油 ── 小さじ1
- B ┌ しょうゆ ── 大さじ2
  └ みりん ── 大さじ1
- 温かいご飯 ── 適量
- 卵黄 ── 2個分

つくり方

① 豚肉は3cm幅に切り、Aをもみ込んで下味をつける。ニラは5cm長さに切る。

② フライパンにゴマ油を弱火で熱し、豚肉をほぐしながら炒める。肉の色が変わったら、ニラを加えて1分ほど炒め、Bを加えてさっと炒め合わせる。

③ 器にご飯を盛って②をのせ、卵黄を落とす。

ごろごろお肉のミートソース

(材料) 2人分

- スパゲッティ ── 160g
- 豚ひき肉 ── 200g
- にんにく ── 1かけ
- タマネギ ── 1/2個(100g)
- ニンジン ── 1/3本(50g)
- オリーブオイル ── 大さじ1
- バター ── 10g
- 赤ワイン ── 1カップ
- トマト缶(カットタイプ) ── 300g
- A ┌ トマトケチャップ ── 大さじ1
　　└ みそ、オイスターソース、顆粒鶏ガラスープの素 ── 各小さじ1
- 塩 ── 適量
- コショウ ── 少し
- 粉チーズ ── 適量

(つくり方)

❶ にんにく、タマネギ、ニンジンはそれぞれみじん切りにする。フライパンにオリーブオイルを弱火で熱し、にんにくを炒める。香りが立ったら、タマネギ、ニンジンを加えて炒める。タマネギがあめ色になったら、フライパンから取り出す。

❷ ❶のフライパンをさっとふき、バターを入れて中火で溶かす。すぐにひき肉を入れて焼き色がつくまで炒め、粗くほぐす。

❸ 赤ワインを加え、煮立ったらトマト缶と❶を加え、弱火で30分ほど煮込む。煮つまってきたら、Aを加え、塩、コショウで味をととのえる(ミートソースのでき上がり)。

❹ 鍋に2リットルの湯を沸かして塩10g(分量外)を加え、スパゲッティを袋の指定どおりにゆでる。ミートソースと軽く炒め合わせ(写真a)、器に盛って(写真b)粉チーズをかける。

POINT

スパゲッティに火が入りすぎないよう、さっと炒め合わせる。

トングを使うと、立体的に盛りつけやすい。

じっくり煮込んだ深みのある味わい。ピザやチーズトーストにのせるのもおすすめ

おそば屋さんみたいな
カレーうどん

（材料）2人分

冷凍うどん ──────── 2玉
タマネギ ──── 1/2個(100g)
ニンジン ───── 1/3本(50g)
豚バラ薄切り肉 ────── 100g
ゴマ油 ──────── 小さじ1
カレー粉 ─────── 大さじ1
水 ───────── 2カップ
めんつゆ(3倍濃縮)
　───────── 大さじ5
A ┌ 片栗粉 ────── 大さじ1
　└ 水 ──── 大さじ2と1/2
長ネギ(斜め薄切り) ── 適量

（つくり方）

❶ タマネギは繊維を断ち切るように薄く切る。ニンジンは薄いいちょう形に切る。豚肉は3cm幅に切る。

❷ 鍋にゴマ油を中火で熱し、❶を炒める。肉の色が変わったら、カレー粉をふり入れて炒める。

❸ 分量の水とめんつゆを加えて煮て、野菜がやわらかくなったら、うどんを加えて温まるまで煮る。最後に混ぜ合わせたAを回し入れ、1分ほど煮てとろみをつける。器に盛り、長ネギをのせる。

箸が止まらなくなるスパイシーな和風味。これなら一品で大満足

おだしで食べる あったかにゅうめん

ちょっと小腹がすいたときの定番メニュー。たっぷりのしょうがで後味すっきり

（材料）2人分

- そうめん ―――― 200g
- しょうが ―――― 25g
- 豚薄切り肉 ―――― 100g
- だし汁 ―――― 4カップ
- 酒 ―――― 大さじ1
- A ┌ みりん ―――― 大さじ3
    │ しょうゆ ―――― 大さじ2
    └ 塩 ―――― 小さじ1
- ユズの皮（千切り）―― 適量

（つくり方）

❶ しょうがはスライサーで薄切りにしてから、細い千切りにする。豚肉は食べやすい大きさに切る。そうめんはゆでてザルに上げる。

❷ 鍋にだし汁と酒を入れて沸騰させ、豚肉を入れる。火がとおったら引き上げ、アクをすくってから、Aを加えて温める。そうめんを加えて温める。

❸ 器に先にそうめんを入れ、❷のつゆを注ぎ入れる。豚肉と❶のしょうが、ユズの皮をのせる。

Part 5　リクエストが多いご飯・麺　115

スープと汁物

優しいとろみにほっとする一杯。
具は小さく切りそろえて
口当たりよく

キャベツとベーコンの
コーンチャウダー

(材料) 2人分

- キャベツ ———— 100g
- ベーコン ———— 50g
- バター ———— 10g
- 小麦粉（またはコーンスターチ）———— 大さじ1
- 牛乳 ———— 1と1/2〜1と3/4カップ
- 顆粒鶏ガラスープの素 ———— 小さじ1
- ホールコーン（缶詰）———— 120g
- 塩、コショウ ———— 各少し

(つくり方)

❶ キャベツは小さめのざく切りにする。ベーコンは1cm角に切る。

❷ フライパンにバターを入れて中火で溶かし、ベーコン、キャベツを炒める。小麦粉をふり入れて粉っぽさがなくなるまで炒める。

❸ 牛乳を少し加えて混ぜ、全体がなめらかになったら、残りの牛乳も加える。鶏ガラスープの素を加え、弱火で2〜3分煮る。コーンを加えて5分ほど煮たら、塩、コショウで味をととのえる。

野菜たっぷり ミネストローネ

材料 2人分

- タマネギ —— 1/2個（100g）
- セロリ —— 2/3本（約70g）
- ニンジン —— 1/2本（75g）
- ジャガイモ —— 2個（200g）
- ベーコン —— 40g
- にんにく —— 1かけ
- オリーブオイル —— 小さじ2
- A
  - トマト缶（ホール） —— 200g
  - 水 —— 1と1/2カップ
  - 顆粒チキンコンソメ —— 小さじ2
- 塩 —— 適量

つくり方

① タマネギ、セロリ、ニンジン、ジャガイモはすべて小さなサイコロ状に切る。ベーコンは1cm幅に切る。にんにくはみじん切りにする。

② 鍋にオリーブオイルとにんにくを入れて弱火にかけ、香りが立ってきたら①の野菜とベーコンを加えて炒める。

③ Aを加え、野菜がやわらかくなるまで煮る。最後に塩を加えて味をととのえる。

> おかずがいらない具だくさんスープ。半端な野菜を総動員してつくります

塩もみキャベツと落とし卵のみそ汁

材料　2人分

- キャベツ　100g
- 塩　小さじ1/2
- ニンジン　1/3本（50g）
- 卵（L）　2個
- だし汁　2カップ
- みそ　大さじ1と1/2〜2
- 長ネギ（斜め薄切り）　適量

つくり方

1. キャベツとニンジンは千切りにして塩をふり、全体をよく混ぜて30分ほどおく。しんなりしたら、水気を軽く絞る。
2. 鍋にキャベツとニンジン、だし汁を入れて火にかける。煮立ったら弱火にし、1分ほど煮る。
3. 野菜の上に卵を落とし入れ、白身の部分が白くなるまでさらに2〜3分煮る。
4. みそを溶き入れ、煮立つ直前に火を止める。器に盛り、長ネギをのせる。

MEMO

塩もみキャベツを倍量でつくっても。塩昆布であえるとちょっとしたおかずに。

とろりとあふれる黄身を
塩もみキャベツに
からめると美味しい！

豆乳と白みそを合わせた繊細な味わい。カブの甘さが際立ちます

カブの豆乳スープ

材料 2人分

カブ（葉つき）──── 2〜3個
ベーコン ──────── 60g
豆乳（成分無調整）
　──────────── 1カップ
白みそ
　──── 大さじ1と1/2〜2
塩、コショウ、オリーブオイル ──────── 各適量

つくり方

❶ カブは皮をむいて縦半分に切ってから、1cm厚さに切る。葉は細かく刻む。ベーコンは1cm幅に切る。

❷ 鍋にカブとベーコンを入れ、カブが隠れるくらいまで水を注いで中火にかける。煮立ったら少し火を弱め、カブが透きとおってやわらかくなるまで煮る。

❸ 豆乳を加えて弱火で温め、白みそを溶き入れ、塩、コショウで味をととのえる。カブの葉を加えてさっと煮たら、器に盛ってオリーブオイルを回しかける。

Column 4 — Making fruit liquor

楽しい果実酒づくり

美味しそうな果物を見かけると、果実酒がつくりたくなります。
漬けるのは、いちごやレモン、オレンジ、たんかんなど、季節によってさまざま。
美味しくできたら、家族や友人たちにもおすそ分けしています。

かんきつの果実酒

果実酒のロックで晩酌するのがわが家の定番。うちの果実酒は甘さ控えめなので、食事によく合います。

材料とつくり方（1人分）

❶ **好みのかんきつ（オレンジ、たんかんなど）2〜3個**は皮をむき、4つ割りにする。

❷ 保存容器に①と**氷砂糖80g（好みで増やしても）**を入れ、**ホワイトリカー（アルコール度数35%）2カップ**を注ぎ入れる。常温に2か月ほどおく。

MEMO
ホワイトリカーの代わりにブランデーやウォッカなど好みのお酒に漬けても。

—— Part 6 ——

米粉のおやつと冷たいデザート

小さな頃から始めたおやつづくりは私のライフワーク。
何回つくっても、その仕上がりにわくわくします。
最近の定番は米粉を使った軽やかなおやつ。
さっぱりした甘さと口当たりのよさが魅力の
冷たいおやつも、食後のデザートにおすすめです。

くせになるさくっと軽やかな食感。ほろ苦い甘さも後を引きます。

米粉チョコクッキー

材料
直径5cm8枚分

溶き卵 ———— 40g
きび砂糖 ———— 45g
バター(有塩がおすすめ)
———— 40g
米粉 ———— 100g
(銘柄指定 波里「サクッ！と仕上がるお米の粉」)
ココアパウダー ———— 20g
ベーキングパウダー ——— 2g
チョコチップ(焼き菓子用)*
———— 25g

*焼き菓子用なら溶けにくいので粒の食感が残る。

準備しておくこと
・バターは電子レンジか湯せんで溶かしておく。
・オーブンは160℃に予熱しておく。

MEMO

米粉は種類によって吸水率が異なるため、仕上がりの食感に差が出ます。まずは同じものでつくってみてください。

作り方

❶ ボウルに溶き卵、きび砂糖、溶かしバターを順に入れ、よく混ぜる。

❷ 米粉、ココアパウダー、ベーキングパウダーをふるって加え、ゴムベラで混ぜる。まとまったら、最後にチョコチップを加えてざっと混ぜる。

❸ ②を8等分にし、丸めてからざっくり平らに成形する。オーブンシートを敷いた天板に並べ、160℃に予熱したオーブンで約22分焼き、網の上などで冷ます。

米粉パウンドケーキ

材料
18×8×高さ6cmの
パウンド型1台分

卵(L)	2個
	(殻なしで110g)
牛乳	1/4カップ
上白糖、きび砂糖*	各30g
米油	25g
米粉	100g
(銘柄指定 波里「サクッ!と仕上がるお米の粉」P.122参照)	
ベーキングパウダー	3g

＊しっとりさせるために上白糖を、コクを出すためにきび砂糖を使う。どちらか一方の砂糖でも、グラニュー糖でもよい。

準備しておくこと
・パウンド型にクッキングシートを敷いておく。
・オーブンは180℃に予熱しておく。

つくり方

❶ ボウルに卵を割り入れ、泡立て器でよく混ぜる。牛乳、2種類の砂糖を加えてよく混ぜる。

❷ 米油を少しずつ加え、乳化して白っぽくなるまでよく混ぜる。

❸ 米粉とベーキングパウダーをふるって加え、しっかりと混ぜ合わせる。

❹ パウンド型に流し入れ、180℃に予熱したオーブンで32分焼く。すぐに型から出し、粗熱が取れたらラップに包んでそのまま冷ます(これでしっとりする)。冷めたら好みの厚さに切り分ける。

きめ細やかな生地と繊細な甘さが魅力。冷めてしっとりしてからどうぞ

Part 6　米粉のおやつと冷たいデザート

米粉の抹茶もっちりケーキ

（材料）
260mlのマグカップ1個分

卵(L)　1個（殻なしで55g）
米油　　　　　　　　　5g
牛乳　　　　　　　1/4カップ
　（寒い時期は軽く温める）
メープルシロップ　　　15g
　（甘さ控えめなので、好み
　で10g増やしても）
抹茶パウダー　　　　　2g
ベーキングパウダー　　2g
米粉　　　　　　　　　40g
　（銘柄指定 波里「サクッ！と
　仕上がるお米の粉」P.122
　参照）

（作り方）

❶ ボウルに卵を割りほぐし、材料を上から順に加え、そのつど泡立て器でよく混ぜる。

❷ 耐熱のマグカップに❶の生地を流し入れ、上からラップをふんわりかけ、電子レンジ（600W）で約3分加熱する。

材料を混ぜて
レンチンするだけ！
米粉でふわっと
やわらかな食感に

とろける口どけにうっとり。
和菓子のような
あっさりした甘さです

豆乳プリン

材料

750mlの容器1個分

豆乳(成分無調整)
　　　　　　　2と1/2カップ
水　　　　　　　　大さじ3
粉ゼラチン　　　　　　5g

黒蜜
　黒糖(粉末のほうが溶けや
　　すい)　　　　　　50g
　水　　　　　　　　大さじ3
きな粉　　　　　　　適量

つくり方

❶ 黒蜜をつくる。鍋に黒糖と分量の水を入れて弱火にかけ、2〜3分煮つめる(温かいうちはさらっとしていても、冷めるととろっとするので煮つめすぎないようにする)。

❷ 小さな耐熱容器に分量の水を入れてゼラチンをふり入れ、10分ほどおく。ゼラチンがふやけたら、電子レンジ(600W)で30秒加熱し、溶かす。

❸ 鍋に豆乳を入れて弱火にかけ、沸騰させないよう人肌より温かい程度まで温める。

❹ ❸の豆乳に❷の溶かしたゼラチンを加えてよく混ぜ、茶こしでこしながら保存容器に入れ、冷蔵庫で冷やし固める(ゼラチンは固まるギリギリの量なので、半日くらい冷蔵庫におき、しっかり冷やし固める)。豆乳が固まったら、スプーンですくって器に盛り、❶の黒蜜ときな粉をたっぷりかける。

フルーツたっぷり牛乳寒天

材料
600mlの容器1個分

- 牛乳 ——— 1と1/2カップ
- 水 ——— 120ml
- 粉寒天 ——— 4g
- 砂糖 ——— 30g
- 好みのフルーツ（みかん缶、チェリー缶、キウイなど）——— 200〜250g

作り方

❶ キウイは皮をむいて1cm幅に切る。みかん、種を取ったチェリーは汁気をきる。容器の側面と底にフルーツを貼りつける。牛乳は人肌くらい（約40℃）に温めておく。

❷ 鍋に分量の水と粉寒天を入れてよく混ぜ、ヘラで混ぜながら弱めの中火で2分ほど加熱し、溶かす。

❸ ❷を火からおろし、砂糖を加えてよく混ぜ、❶の温かい牛乳を加えてよく混ぜる（ここでもし一部固まるようなら、再度火にかけて混ぜながら溶かす。沸騰させないよう気をつける）。茶こしなどでこしてボウルに入れ、粗熱を取る。

❹ ❶の容器に❸を静かに注ぎ入れ、冷蔵庫で冷やし固める。好みの大きさにカットして器に盛る。

MEMO

フルーツはメロンやいちご、生のブルーベリー、桃の缶詰など、好みのものでOK。直径15cmの丸い型に入れて冷やし固めると、華やかなケーキのような仕上がりになります。

カラフルな断面が
かわいいスイーツ！
優しいミルク味にも
癒されます

Part 6　米粉のおやつと冷たいデザート

kafemaru（カフェマル）

2014年からYouTubeチャンネル「cook kafemaru」で、誰にでもつくれるおかずやお菓子のレシピを発信。身近な材料や道具を使った簡単でおいしい料理が人気を集め、チャンネル登録者数は159万人を超える(2025年1月現在)。2022年から自然豊かな田舎に移住し、ゆったりとした夫婦ふたり暮らしを楽しんでいる。著書に『世界一作りやすいおうちスイーツ』『罪深いスイーツ』(ともにKADOKAWA)がある。

YouTube：@cookkafemaru
Instagram：@kafemaru

staff

デザイン	柴田ユウスケ、なんとうももか(soda design)
撮影	山川修一(扶桑社)、kafemaru
スタイリング	宮田桃子、kafemaru
校正	共同制作社
DTP	ビュロー平林
編集協力	小笠原章子
編集	佐藤千春(扶桑社)

しみじみ美味しいふたりごはん

発行日　2025年2月5日　初版第1刷発行

著者	kafemaru
発行者	秋尾弘史
発行所	株式会社 扶桑社 〒105-8070 東京都港区海岸1-2-20　汐留ビルディング
電話	03-5843-8842(編集) 03-5843-8143(メールセンター) www.fusosha.co.jp
印刷・製本	TOPPANクロレ株式会社

定価はカバーに表示してあります。
造本には十分注意しておりますが、落丁・乱丁(本のページの抜け落ちや順序の間違い)の場合は、小社メールセンター宛にお送りください。送料は小社負担でお取り替えいたします(古書店で購入したものについては、お取り替えできません)。なお、本書のコピー、スキャン、デジタル化等の無断複製は著作権法上の例外を除き禁じられています。本書を代行業者等の第三者に依頼してスキャンやデジタル化することは、たとえ個人や家庭内での利用でも著作権法違反です。

©kafemaru Printed in Japan　ISBN978-4-594-09932-9